八十路のへんろ

阿波・土佐〈編〉

池澤節雄

文芸社

はじめに

孫娘が大学を卒業し、目を輝かせて未来の夢を語ってくれた。その話に耳を傾けているうちに、私も八十歳からの新しい道を見つけなければ、という思いがこみ上げた。幸いにもとりたてて具合の悪いところはなく、いたって健康である。ただ、これまで特に趣味も持たずに過ごしてきたので、これから絵や俳句などに取り組むのは、ちょっとハードルが高い。

そこで思いついたのが「遍路」だった。歩くことなら、この年齢でもできるのではないか。そしてブログを立ち上げ、霊場の様子やそのときどきの思いを発信したい、と考えるようになった。

実は、私は過去にも二回、四国八十八ヵ所の霊場を巡拝する遍路旅に出たことがある。

一回目は、平成九（一九九七）年四月、六十歳のときであった。このとき私は、愛媛県庁での三十八年間もの長い勤務を終え、自由の身になった。

定年退職した五日後の四月五日に旅立ち、三十六日間かけて千二百キロとも千四百キロともいわれる全行程を歩き通した。歩くことを目標としていたので、いっさい乗り物を利用せず、結願寺の第八十八番大窪《おおくぼ》寺《じ》まで、ひたすら歩き続けたのであった。

この体験をまとめ『四国へんろ旅日記』と題して、自家本を制作した。そのうちの一冊を「へんろみち保存協力会」の宮崎建樹氏に送付したところ、「ただ歩くだけではなく、弘法大師のありがたみを噛《か》み締めながらお参りしてください」といった趣旨の手紙を頂いた。

言われてみればその通りだ。私は、本堂と大師堂にお参りし、納経所で納経帳に御朱印を頂き、すぐさま次の霊場へと歩き始める、という調子で、まるでオリエンテーリング感覚で霊場を巡っていた。そのお寺の歴史や背景、空海の教えなどに思いを馳せることはなかったのである。

二回目の遍路では、お寺の写真撮影を目的に、車を利用して少しずつお参りした。

今回は三回目、八十一歳での旅立ちとなる。私は過去の遍路旅の反省から、「弘法大師のありがたみ」を知るために、旅立つ前に、司馬遼太郎著の『空海の風景』をはじめ、さまざまな本や資料を読み込み、空海の人となりや、空海が説く「真言密教」の教えについて予習した。

空海が、醍醐天皇から弘法大師という諡号《しごう》を賜ったのは、高野山奥之院に入定《にゅうじょう》して八十六年後の延喜二十一（九二一）年のことであった。つまり、弘法大師が四国の霊場を訪れた頃は、まだ空海と称する時代であった。そのため、その頃のことは、基本的には空海の名でブログを書き進めることにした。

また、最初の遍路旅は、八十八ヵ所を一気に巡拝する「通し打ち」だったが、さすがに八十歳を超えるとその体力はない。今回は何回かに分けて巡拝する「区切り打ち」とし、無理をせずバスや電車を利用することにした。

こうして準備を整え、平成二十九（二〇一七）年十二月二日、四国遍路旅の第一歩を踏み出した。阿波の国の第一番札所「霊山寺《りょうぜんじ》」に向かったのである。そして令和五（二〇二三）年三月二十九日、讃岐の国の第八十八番札所「大窪寺」にて無事結願した。

約五年半という長い月日を要したのは、新型コロナの発生に加えて、故郷の宮崎の施設に入所していた母が百九歳で亡くなったからだ。このとき私も八ヵ月間宮崎で過ごした。

こんなわけで、なかなか遍路に出られなかったのである。

それでも満願成就できたのは、私のブログを見てくださる方がいたからだ。予想外に訪問者が多いことに励まされ、次のお寺はどんな様子だろう、どんな写真が撮れるだろうと、日程表を作りながらわくわくしたものだ。お寺の歴史や伝承、逸話なども、境内の掲示板やネットで調べて書き綴った。デジタルカメラで撮った写真は、自分のイメージに合うようにトリミングしてアップした。

こうして遍路を終えたときには、ありがたいことに訪問者は一万五千人にもなっていた。

本書は、そのブログを再編集したものである。大部になるので、「阿波の国と土佐の国」、「伊予の国と讃岐の国」の二巻に分けた。霊場順ではなく、参拝順に記している。
拙い文章ではあるが、私とともにお遍路に出た気分になっていただければ幸いである。

池澤　節雄

八十路のへんろ　阿波・土佐編 ● 目次

発心の道場　阿波の国◆徳島

発心の道場
阿波の国◆徳島

発心とは仏道を得る決意をすること

第一番霊山寺の山門

第一番札所　霊山寺《りょうぜんじ》

「一番さん」の名で親しまれる◆竺和山《じくわさん》一乗院《いちじょういん》◆二〇一七年十二月二日

平成二十九（二〇一七）年十二月二日、ＪＲ松山駅十時二十一分発の列車で、「発心の道場」といわれる阿波の国へ旅立つ。高松駅で乗り換えて、十四時三十二分、霊山寺最寄りの板東駅に着く。私は少し緊張してホームに降り立った。他に女子高校生二人と、半袖の夏用の遍路衣装を身に付けた小柄な外国人女性が一人、下車した。

改札口でその外国人女性と目があったので、下手な英語で話しかけてみた。するとオランダからやってきて、第八十八番の大窪寺《おおくぼじ》までのお遍路を無事終えたので、霊山寺にお礼参りに行くところだという。一緒に歩きながら、二十年前の遍路旅で経験したことなどを話し、霊山寺の山門の前で別れた。

予約を入れていたすぐ近くの宿に荷物を置かせてもらい、頭陀袋《ずだぶくろ》に納経帳など必要なものを入れ、カメラを手にして再び山門へと引き返す。すると遍路姿の妖艶な女性マネキンが出迎えてくれた。「こんにちは」と声をかけ、山門の前で境内に向かって一礼する。

山門は入母屋《いりもや》造《づくり》楼門《ろうもん》である。仏様を襲おうと侵入してくる者を防ぐため、一対の筋骨隆々の仁王様が待ち構えている。向かって右側には口を開けた「阿形《あぎょう》像」、左側には口を閉ざした「吽形《うんぎょう》像」。まさに阿吽《あうん》の呼吸でお寺を守っている様子がうかがえる。

境内に入ると左手に手水舎《ちょうずや》がある。手を洗い、口をすすいで、身も心も清め、すがすがしい気分で正面の石段を上り、まずは本堂に向かう。ところが、本堂は改修工事中で、ご本尊の釈迦如来は仮の場所に移されていた。

見どころの一つは、拝殿の天井に描かれた龍だ。見る角度によってその表情が変わるといわれている。天井からはたくさんの灯篭が吊り下げられ、幻想的な雰囲気だ。今回は工事中のためビニールで覆われていた。

本堂。拝殿に奥殿が増設されている

本堂では、今日の日付を書いた納札《おさめふだ》と、これまで書きためた千枚の写経のうちの一枚を納めた。自慢できるような字ではないので、少し気が引ける。

納札は巡拝の回数によって種類が違い、四回までは白札、七回までは緑札、二十四回まえは赤札となっている。さらに回数が増えると銀札、金札と替わっていく。私は三回目のため、白札に住所氏名を書いたものを納めた。次に灯明のローソクと線香をあげ、百円硬貨をお賽銭箱に納めた。続いて他の参拝者の迷惑にならないように少し横に寄り、般若心経を唱える。その後、このお寺の発菩提心真言《ほつぼだいしん》「のうまく　さんまんだ　ぼだなん　ばく」を、引っかかり引っかかり唱えたが、馴染のない言葉なので声が出にくかった。

これは梵語（mantra）をそのまま口述したものだという。お遍路では、ご本尊に三回唱えて奉納する習わしになっているので、意味はわからずとも唱えるしかない。

この霊山寺は四国八十八ヵ所霊場の第一番で、「一番さん」と親しみを込めて呼ばれている。伝承によると、弘仁六（八一五）年に空海がこの地を訪れて修行に励まれ、人間が持っている八十八の煩悩を鎮めようと、四国に八十八ヵ所の霊場を作ることを決意された。そして空海が説く密教の阿字五転（発心・修行・菩提《ぼだい》・涅槃《ねはん》・利他）の法則に従って霊山寺を発心の寺の一番とし、右回りに巡る遍路道が設けられたといわれている。

だが、これは史実ではなく、空海が八十八ヵ所を札所として定めたことはないという。

青空にそびえる多宝塔

江戸時代に庶民の霊場巡礼が盛んになり、案内書が発行されるようになったことから、各寺が札所番号を付け始めたのが始まりではないか、と考えられている。

境内には由緒ある建物があちこちにある。手水舎の後ろには鐘楼《しょうろう》があり、お正月が近いせいか薦《こも》かぶりの酒樽が置かれていた。若いカップルがその様子をカメラで写している。穏やかな暮れの光景である。紅葉に彩られた弘法大師千五十年の石碑も、静かに参拝者を見つめている。その先の左側に多宝塔がある。応永年間（一三九四～一四二八年）に建立されたもので、その歴史は六百年近い。中には五智如来《ごちにょらい》像が安置されている。

阿波のお寺の大半は、天正年間（一五七三

大師堂

ずらりと並ぶ十三仏

〜一五九二年）に、土佐の戦国武将、長曾我部元親《ちょうそかべもとちか》に焼き払われた。このお寺も七堂伽藍が建ち並ぶ阿波三大坊の一つとして栄えたが、元親の焼き討ちにより炎上。再興したものの、明治二十四（一八九一）年に出火し、本堂と多宝塔以外は再び焼失した。その後再建されたため、多くは近年の建物である。

大師堂には、子供連れの人たちや年配者を気遣いながらお参りをしている人たちがいた。この大師堂の前に、美しい鯉がゆったり泳いでいる放生池《ほうじょうち》があり、眺めていると心が癒される。また、本堂の手前には十三仏がある。不動明王に続いて等身大の仏様が十二体並んでおり、合わせて十三仏である。死者の初七日から三十三回忌までの追善供養を願って、十三の仏に分けて建てられたという。十二仏の足元には「丑寅《うしとら》」などと書かれた名札が置かれていて、それぞれの干支の仏の前でお参りをすることになる。

奥まったところに「明治の庭」と呼ばれる古い庭もあり、往時を偲ばせる。山門のすぐ後ろには「縁結び観音」がある。男女の縁だけではなく、健康や幸せ、仕事など、さまざまな縁につながる観音様である。蛙の口から飛び出す水で清めながらお参りをすると功徳を得られる、といわれている。

最後に駐車場の近くにある仮の納経所立ち寄り、御朱印を頂く。少し暗くなり始めた山門の前で合掌一礼して、宿に帰った。

第二番札所　極楽寺《ごくらくじ》

安産の信仰を集める◆日照山《にっしょうざん》　無量寿《むりょうじゅ》院《いん》◆二〇一七年十二月三日

師走ということもあってか、昨夜の宿泊客は外国人男性が一人、日本人女性が二人だけだった。朝食は七時からと言われたので、荷物のパッキングをすませてから食堂に行く。すでに三人が食事を始めていた。料理屋を兼ねている宿なので、朝食にしては盛り沢山だ。スクランブルエッグに味噌汁、サヨリの干物、野菜サラダ、大根とブリの煮物など。普段の食事の量が少ないので、半分ほど残す。

宿代は、昨夜一合のお酒を飲んだのを加えて九千七百十円。これからも、日に一万円程度は覚悟しなければならないようだ。身支度をすると、出発は八時になってしまった。

霊山寺の山門の前で一礼して歩き始める。「へんろみち保存協力会編」の地図によると、極楽寺まで約一・四キロ。三十分ほどを予定する。今日、歩く距離の目安は二十キロだ。

交通量の多い道路に沿った歩道を歩くので、かなり神経を使う。途中で「鳴門ドイツ館」の標識を見かける。一度は訪問したいと思ってはいるが、寄り道をするには少し遠すぎる。

「二番札所前」というバス停があった。地図に従って左に曲がり、細い遍路道を歩くと、五分ほどで広い駐車場のある極楽寺に着いた。時計を見ると八時半だ。朝日に映えて朱色の仁王門が鮮やかである。

以前、このお寺を訪れたときは満開の桜に包まれ、極楽寺の名前にふさわしい雰囲気だったのを思い出す。だが今回は人影も少なく、仁王様は少し寂しげだ。とはいえ、朝日を浴びて上半身は黄金色に輝き、迫力は十分であった。

極楽寺の仁王様は、金剛の知恵で煩悩を打ち砕くといわれている。同じ仁王様でも、お寺によって、それぞれ発揮される力は異なるようだ。

朱色が鮮やかな仁王門。以前の遍路旅で撮影

仁王門に一礼をして通り抜けると「雲海の浄土」と名付けられた美しい日本庭園が広がっている。左手には願掛地蔵がある。お地蔵さんの真言を唱えて精進努力すれば、ご利益があるという。

庭園のすぐ横にある手水舎で手を清める。四十四段の石段を上ると、正面に本堂があった。写経箱と納経箱に持参したものを入れて、お経を唱えてお参りをすませる。

寺伝によると、このお寺は奈良時代に行基が開いたという。その後空海がこの地を訪れ、「阿弥陀経」を唱えながら、三七日（二十一日間）の修行を重ねられた。その満願の日に阿弥陀如来が現れたのでそのお姿を刻まれ、ご本尊としてお寺に納められたという。

この阿弥陀如来の後光は遠く鳴門の海まで届き、魚がとれなくなった。困った漁民たちは本堂の前に山を築いて、その光を遮ったという。これが「日照山」という山号の由来となっている。ご本尊の阿弥陀如来は国の重要文化財に指定され、秘仏として本堂裏の収納庫に納められている。参拝者が目にできるのは、本堂の前仏（レプリカ）である。

また本堂には、寺宝の、縦百五十七センチ、横百七センチの大きな地獄極楽図「絹本著色両界曼荼羅図」が、向かって左の壁にかけられていた。

このお寺は、安産祈願でも知られており、青々した木々に囲まれた大師堂には、「安産大師像」が安置されている。『極楽寺縁起』によると、空海がこのお寺で修行されている

石段の上に鎮座する本堂

ときに難産に悩む女性がいたので加持祈祷を行うと、無事安産した。女性がお礼に木彫りの大師像を奉納したところ、安産祈願の本坊として大勢の信者が集まるようになったという。

また明治時代に難産が不安な大阪の女性が身ごもり、安産を祈願したところ、夢の中に弘法大師が現れ、四国遍路を勧められた。そこでお遍路を始めたところ、このお寺まで来ると急に産気づいた。だが「最後までお参りしなさい」というお告げに従ってお遍路を続け、結願して我が家に帰ると、無事に男の子を出産できた。女性は喜んで大師堂の前に安産大師像を奉納したという。これが境内に安置されている「安産修行大師像」である。

その他の見どころとして「仏足石《ぶつそくせき》」がある。これを撮りたくて探したが見当たらない。大師堂の前で掃除をしている人に聞いてみたところ「その石段の下にあります」という。改めて本堂の前の石段を下りながら探すと、東屋の中にお釈迦様の足をかたどった、立派な黒い石の「仏足石」があった。自分の体の痛むところに手を当てて仏足石に触れると、その痛みが取れるといわれている。

もう一つの見どころとして「長命杉」がある。樹齢は千百年以上という。「このお寺を末永く守っていくように」と、空海自ら植えたとされている。

この杉の巨木は長年の風雪に耐えて木肌は荒々しく、たくましさが感じられる。幹には紅白の紐が結ばれていて、参拝者がそれを握ると、その旺盛な生命力が伝わり、天寿をまっとうできるといわれている。

また、参道から入って右手にある「一願水掛不動尊」は欲張ってあれこれ願いごとをすると聞き入れてもらえないが、一つだけなら、精進すると聞いてもらえるという。

また、「一願地蔵」は願い事を一つだけ叶えてくださる。お賽銭を差し上げて、願い事を一つ心の中に浮かべてお地蔵さまを持ち上げる。重く感じるか軽く感じるかによって、その願いがいつ頃叶うかわかるといわれている。

九時十分、仁王門の前で手を合わせ、一礼した後、第三番金泉寺《こんせんじ》へ向かった。

お釈迦様の象徴、仏足石

赤い帽子と前かけが印象的な一願地蔵

第三番札所　金泉寺《こんせんじ》

源義経が必勝を祈願◆亀光山《きこうざん》　釈迦院《しゃかいん》◆
二〇一七年十二月三日

極楽寺から第三番金泉寺まで二・六キロ、五十分の予定で歩き始めた。スマートフォンで道順を調べればよいのだが、慣れていなくて使い方がわからない。まったく宝の持ち腐れである。「へんろみち保存協力会編」の地図を頼りに歩き始める。

田んぼ沿いの細い道を歩いていると、交通量の多い県道に出合う。この道を歩くのは気が進まない。辺りを見回すと、右手に県道に並行して遍路道があったので、その道を行くことにする。

八幡神社の前まで来ると、インターチェンジの白い橋脚が見え、その周りには田んぼが広がっている。変電所があり、そこに「遍路道」と書かれた赤い標識があった。それに従って細い道を歩くうちに、金泉寺の仁王門に着いた。

山門と仁王門との区別はよくわからないが、このお寺のホームページには「仁王門」と書かれ、「三間一門楼門」と説明されている。入母屋造りで、朱塗りの堂々とした仁王門である。二体の仁王様が大きな目玉を開けて、不審な参拝者がいないか監視している。白目のところが金色に輝いているので、いっそう迫力を感じる。しかし、よく見るとこの仁王様は、どこかユーモラスな表情をしているように思えた。

仁王門に一礼して、境内に入らせてもらう。すぐそばにある小さな極楽橋を渡ると、正面に本堂が見える。手洗舎で作法通りに両手を清め、口をすすいでからお参りする。

このお寺は聖武天皇の依頼によって行基が建てたといわれている。当初は金光明寺といい、ご本尊は釈迦如来像、脇侍に阿弥陀如来像、薬師如来像と三体が安置されたという。「脇侍」は「わきじ」とも「きょうじ」とも読まれ、本尊の周りの菩薩や明王などをいう。

朱色が美しい仁王門

本堂

　その後、空海がこの地を訪れ、日照りに苦しんでいた農民のために井戸を掘ると、霊水が湧き出た。その井戸は「長寿をもたらず黄金の井戸」ともいわれるようになり、今も小さなお堂の中に残されている。寺名も金泉寺と改められた。

　また亀山天皇（在位一二五九〜七四年）は、法王となられてからも弘法大師を篤く信仰され、その足跡を求めて各地の霊場を巡拝された。そのとき、京都の三十三間堂（蓮華王院）にならったお堂などを建てて、日本国中から学僧を招いて大いに栄えたとされる。

　しかし、天正十（一五八二）年、長曾我部元親の焼き討ちにより、本堂以外を焼失。その後再建されて今に至っている。

　本堂のご本尊は平成二十六（二〇一四）年

義経が必勝を祈願した観音堂

以降、拝顔できるようになったが、この日は本堂の扉が閉まっていたので、隙間から拝ませてもらった。次いで大師堂にお参りする。平成二十（二〇〇八）年十一月に改築されて、大師像は参拝できるようになっている。

すぐ横の八角形をした朱色の観音堂にお参りする。『源平盛衰記』によると、源義経が屋島に向かう途中、このお堂に立ち寄って必勝を祈願したとされ、勝運観音ともいわれている。このとき力自慢の弁慶が持ち上げたとされる「弁慶の力石」がある。境内で竹ぼうきを持っていた人に案内してもらうと、その人は笑いながら「本当かどうかわかりません」と言った。

このお寺の名前の由来となった「黄金の井

戸」をお参りする。この井戸を覗いてみて、自分の影がはっきり見えれば長生きできる、ぼやけているとさほど長寿は期待できない、という言い伝えがある。傍らにある地蔵尊は、首から上の病を癒してくれるという。

　私も井戸の中を覗いてみた。その結果は自分の胸に納めておくことにした。

　本堂の裏には立派な朱塗りの多宝塔がある。その由来はわからないが、家の名前を刻んだ石碑があるので、信者が寄進したものだろう。鮮やかな紅葉に包まれ、一段と華やかに見えた。

　その他の見どころとして「倶利伽羅《くりから》龍王《りゅうおう》」がある。火炎に包まれた龍が剣に巻き付き呑み込もうとしているが、これは不動明王の化身とされている。

紅葉に映える多宝塔

　また本堂の右奥には長慶天皇陵があり、この寺とも縁のある天皇を祀る石が置かれている。これは「御陵石」と呼ばれ、大正五（一九一六）年に裏山から発掘された。そこには「長慶天皇寛成尊太上天皇御陵広永五年三月十九日崩御五十三歳」と刻まれている。慈母観音像も寄進されていた。本堂の裏の石段を上ったところに、小さな祠があった。長慶天皇に関係があるのだろうか。護摩堂の格子天井に描かれた花鳥図も、一見の価値がある。

　最後に納経所に寄り、ご朱印を頂く。十時六分、仁王門に一礼し、散り始めた木の葉に見送られて第四番大日寺《だいにちじ》に向かった。

迫力のある倶利伽羅龍王

第五番札所　地蔵寺《じぞうじ》

甲冑をまとった勝軍地蔵菩薩を祀る◆無《む》尽山《じんざん》　荘厳院《しょうごんいん》◆二〇一七年十二月三日

金泉寺から大日寺までは約五キロ。少し余裕を見て一時間三十分を予定する。板野町の役場を通り過ぎ、踏切を渡る。辺りには古い商店が並んでいるが、人影は見えない。車が頻繁に行き交う大きな道に沿った古い道を歩き始める。周りは寂れた感じで、以前歩いたときとはずいぶん雰囲気が違う。

金泉寺を出てから一・四キロ地点の宝国寺に差しかかったとき、遍路姿をした若い女性を見かけた。霊山寺の山門の前で出迎えてくれた、マネキンそっくりの衣装である。軽く会釈してくれたので話しかけてみると、「お礼参りに霊山寺に行くところです」という。四国の霊場を巡り、第八十八番大窪寺で結願をすませると、「無事にお参りをすませることができました」と、第一番の霊山寺にお礼参りをする人が多いようだ。

すぐ近くの諏訪神社の境内で一休み。チョコレートをかじり、疲れを癒す。また歩き始め、徳島自動車道の下を通り過ぎる。大日寺への道筋にある、金泉寺の奥の院の愛染院に立ち寄るつもりであった。

　ところが、いくら歩いてもそれらしいお寺が見つからない。通りがかりの人に尋ねると、遠くの山手のほうを指差して「ここからは少し離れている」という。とにかく歩き続けるしかない。県道12号線に沿った旧道をひたすら歩くと、広い道に出合った。県道34号線だ。その左手のほうにお寺の屋根瓦が見える。ようやく着いたと安堵して駐車場に近づくと、見事に色づいた銀杏の木を背にした、古い木造の山門があった。その前の石柱には「地蔵寺」と書かれている。どうやら徳島自動車道を過ぎた辺りで道を間違えたらしい。

　時計を見ると十二時過ぎだ。そこで、先に第五番地蔵寺にお参りすることにした。

古めかしい山門

納経所に立ち寄り、住職に「道を間違えました」と話すと「歩き遍路をする人の中には五番を先にお参りをする人がいたり、荷物をここに置いて四番に出かける人も多いです」と言われ、自分だけではなかったと胸をなでおろした。

山門の前で一礼する。古めかしい山門は単層で、左右に二天像が安置されていた。中尊寺に見られるような「神将の二躯」で門を守る相称形である。これまで見てきた仁王像は上半身が裸体でたくましい躯体をしていたが、ここでは彩色が施された鎧をまとった武者姿である。これまで見てきた仁王様とは少し様子が違う。

境内に入ると樹齢八百年を超すといわれる「たらちね大銀杏」の大木が、今を盛りとばかりに黄金色に輝いていた。この大銀杏を取り囲むようにして、本堂、大師堂、不動堂、八角堂、方丈、淡島堂がある。

このお寺は、嵯峨天皇の御祈願によって空海が開いたとされ、空海自ら、勝軍地蔵菩薩像を刻み、ご本尊として安置された。このご本尊は高さが一寸八分（約五・五センチ）で甲冑を身に付けて馬にまたがり、右手には錫杖《しゃくじょう》、左手には如意宝珠を持つという勇ましい姿であった。その後、紀州・熊野権現の導師を務めていた浄函《じょうかん》上人が、一尺七寸（約五十一センチ）の延命地蔵菩薩像を刻み、その胎内に勝軍地蔵菩薩像を納めたと伝えられる。

この勝軍地蔵菩薩信仰から源頼朝や義経をはじめ、蜂須賀家の武将たちがさまざまな寄

見事に色づく大銀杏

進を行った。そのため寺領は広がり、阿波・讃岐・伊予の三ヵ国に及び、三百を超える末寺ができたとされている。

これまでと同じようにお参りをすませてから、本堂の中を拝む。勝軍地蔵菩薩の前立本《まえだちほん》尊《ぞん》が鎮座されていた。次いで石畳の参道を通り、大師堂に向かう。大銀杏は美しく色づき、カメラマンがさまざまな角度から写真を撮っている。

大師堂のガラス戸は閉められていたため、その隙間からお大師さんのお姿を拝ませてもらった。

大師堂に隣接して淡島堂がある。これは和歌山県の淡島神社の分身とされており、万病封じに効く守護神が祀られている。永代供養

五百羅漢堂への参道

人間味のある表情の羅漢さん

を願う八角堂も見どころの一つである。また仁王門の近くには大師像があり、信者を静かに見守っている。

本堂の裏手に、奥の院にあたる五百羅漢《らかん》堂がある。正面に釈迦堂があり、右手に大師堂、左手に弥勒堂《みろくどう》がある。これらをつなぐ回廊に五百羅漢が並んでいる。弥勒堂の入口に受付があり、炬燵《こたつ》から出てきた年配の女性に参拝料金二百円を支払う。「羅漢さんの写真を撮ってもよい」という許可をもらい、拝観させていただいた。

コの字型の回廊に、高さ四丈（約十二メートル）のお釈迦様を中心として、五百羅漢が安置されている。この五百羅漢堂は安永四（一七七五）年、江戸時代に、実聞と実名という僧侶の兄弟によって創建された。だが大正四（一九一五）年に参拝者の失火によって羅漢像の大部分が焼失。その後、大正十一（一九二二年）に再建され、現在は二百体の羅漢像が納められている。全国でも珍しい木造の等身大のものである。

羅漢さんはお釈迦様の弟子で仏道修行をして阿羅漢《あらかん》となり、人間としては最高の位を得た。そのお顔には喜怒哀楽が浮かび、人間味のある表情をしている。これはもしかしたら自分ではないかと思ったり、亡き人の面影を見つけて偲んだりした。

十三時に五百羅漢像に別れを告げ、大日寺《だいにちじ》に向かう。

第四番札所　大日寺《だいにちじ》

人里離れた黒谷の霊地◆黒巌山《こくがんざん》　遍照院《へんじょういん》◆二〇一七年十二月三日

大日寺は地蔵寺から四キロほど先で、緩い上り道が続く。一時間の予定で歩き始めた。右手の畑の中に細い道が見える。あれが金泉寺からつながる遍路道のようだ。年配の女性が二人歩いている。大日寺にお参りに行くらしい。

山懐に抱かれるように、お寺の屋根が見える。この辺りは「黒谷《くろだに》」と呼ばれているが、後方の山々は美しく紅葉し、その名にふさわしい風情を感じる。ところが、近づくとお寺はシートで覆われており、山門の改修工事中だった。手前の渓流に掛けられた橋も工事中で、「大日寺」と書かれた石碑があった。

以前お参りしたときに目にした、立派な鐘のある朱塗りの楼門を思い出す。この門は欅材が使われ、赤いベンガラで彩られている。屋根は入母屋造りで、一階部分は角材、二階部分は円柱となっている。楼門は来春完成予定という。

残念ながら工事中のため、案内板に従って鐘楼門の左側の僧堂の横を通り、本堂にお参

紅葉の山を背に立つ大日寺の石碑

朱色の鐘楼門。以前の遍路旅で撮影

大師堂

りする。

大日寺の由来ははっきりしない。言い伝えによると弘仁六（八一五年）に四十二歳の空海がこの地を訪れて長逗留し、修行をされた。その際に人々に広く慈悲をもたらす大日如来を感じとられて、一刀ごとに三度の礼拝をしながら一寸八分（約五・五センチ）の大日如来像を彫られた。これをご本尊としてお寺を開かれ、「大日寺」と名づけられたという。

お寺は荒廃したり再興されたりを繰り返したが、阿波藩主・蜂須賀《はちすか》綱矩《つなのり》が篤く信仰し、元禄から宝暦年間にかけて堂塔の大修理を行ったという。江戸時代の寛政二（一七九〇）年には本堂と大師堂を結ぶ回廊を大阪の信者が奉納したとされ、西国三十三観音霊場

回廊に安置された三十三体の観音像

の木造観世音像も安置された。

　本堂のご本尊は室町時代の作とされる秘仏で、金色に輝いていているという。修復を機に平成二十九（二〇一七）年の三月から十二月の毎月二十八日に御開帳された。今回は木彫りの前仏だけを拝観できた。

　次いで大師堂にお参りし、大師像を拝観する。回廊に安置された西国三十三ヵ寺の観音像も拝顔する。さまざまなお姿をした観音像から見据えられ、厳粛な気分になる。回廊にはさわやかな笑みをたたえた石の辨財天女《べんざいてんにょ》も安置されていた。

　工事中の楼門を避けて先ほど入った道を通り、納経所に立ち寄ってご朱印を頂いた。

第六番札所　安楽寺《あんらくじ》

お遍路さんや旅人を泊める駅路寺◆温泉《おんせん》山《ざん》　瑠璃光院《るりこういん》◆二〇一七年十二月三日

先に第五番地蔵寺をお参りしたので、第四番大日寺から第六番安楽寺に向かう。距離は七・三キロ。十四時十分に大日寺を後にした。十六時頃までに宿坊のある安楽寺に到着予定だ。先ほど上ってきた広い坂道を下る。

午後の日差しも強くなり、冬とは思えないほどの暖かさである。地蔵寺に戻り、預かってもらっていた荷物を納経所で受け取る。お礼を言うと「ご苦労様でした」と若い女性が笑顔を返してくれた。

しばらく歩くと、田んぼの右端に遍路道を示す標識があった。交通量は少なく、古い家をところどころに見かける。農家の庭先の銀杏も黄金に色づいている。のどかな風景を眺めながら歩き続ける。

小さな「泉谷橋」を渡るときは、金剛杖を小脇に抱えて音のしないように歩く。橋の下で休んでいるお大師様の邪魔にならないように、という言い伝えによるものだ。

広い道を横断して遍路道は続く。地図を頼りに歩いていると、「お遍路さん、お遍路さん」と声をかけられた。振り返ると、二階のベランダで洗濯物を取り入れていた女性が「道を間違えていますよ」と、お遍路道への行き方を教えてくれた。

今回の遍路旅で初めて「お遍路さん」と呼ばれ、お遍路気分を刺激される。教えてもらったとおりに小学校の前までくると、「遍路道」と書かれた木製の道標があった。それに従って歩き続けると「東原」と書かれたバス停が目に留まった。そこには安楽寺への車での道順と時間が書かれていた。さらに歩くと道端に標識があり、再び細い遍路道に入る。やがて民家の屋根の向こうに、夕もやの中に静かにたたずむお寺が見えてきた。

竜宮型の山門が印象的な安楽寺

近づいてみると「四国六番安楽寺」と書かれた石柱があり、その後ろに二階が鐘楼になっている白壁の竜宮門形式の山門が見えた。鐘楼門は切妻《きりづま》造りである。左右に仁王様が安置されている。「お大師様のお参りにきました」と丁寧に頭を下げると、大きな目玉が「うん」と承諾してくれたように見えた。竜宮型の門に一礼し、仁王様のお許しももらえたので境内に入る。十六時を少し過ぎ、辺りは薄暗くなっている。それでも明日の出発時刻を考えると、今日中にお参りをすませておきたい。

まずは本堂にお参りする。真新しい宿坊の前を通り過ぎて、正面に向かう。本堂は昭和三十八（一九六三）年に鉄筋コンクリートで再建されたものである。

ご本尊は高さ約三メートルの薬師如来坐像で、次のような由来がある。

愛知県在住の女性が難病におかされて苦しんでいるときに、安楽寺の住職から四国遍路を勧められた。夫とともに苦労して遍路旅を重ね無事満願した。すると医者にも見放されていた難病が治り、一人で歩けるようにもなった。この仏様の縁に感謝して昭和三十七（一九六二）年に薬師如来坐像を奉納した。空海が刻んだとされる高さ四十三センチの薬師如来像が、この像の胎内に納められているという。

ご本尊の脇侍として、日光菩薩と月光菩薩が安置され、その横に十二神将が付き添っている。十二神将は、お釈迦様が弟子の阿難に薬師如来の話をされているときに、それを近

十二神将。干支の十二支に由来。それぞれの方位や時刻を守る守護神

くで聞き、感動してその教えを広めたといわれている。

このお寺も長曾我部元親によって焼き払われたが、万治年間（一六五八〜一六六一年）に駅路寺の瑞運寺を併合して現在の土地に再興された。蜂須賀公がお遍路や旅人のための宿泊施設と定め、八十八ヵ寺の中で唯一の「駅路寺」として今日に至っている。

本堂にお参りをすませ、右手にある大師堂にお参りする。大師像は、運慶や快慶の流れを汲む、著名な京都の仏師・松本明慶の作品である。その他、お寺の随所に仏像が三十五体も安置されている。

また、回遊式日本庭園の奥にある多宝塔には、浄土を表す極彩色の仏画や彫刻があるが、残念ながら拝観できなかった。

この近くの「さかさ松」には、次のような言い伝えがある。

孝行息子が病の父親に猪の肝を飲ませようとして、誤ってお大師様に矢を放ってしまった。それをこの松が身代わりになって受け止めた。お大師様はその松の枝を逆さに植えさせ、「もし、この松が芽を出し成長すれば、この地を訪れる人は災厄から逃れることができるだろう」とおっしゃった。松の枝は元気に育ったため、この松は「厄除けのさかさ松」と呼ばれるようになった。

大師堂のすぐ横には修行大師像があり、その前に「願い棒」が置かれている。それを自分の年齢の分だけ手に取り、願い事、年齢、名前を唱えながら像の周りをまわり、像の正面に来るたびに願い棒を一本ずつ置いていくと、願い事が叶うといわれている。

私は八十一本もの願い棒を置かなければならず、少しばかり無理なようである。

大師堂の前には温泉の源泉井戸があり、ここから宿坊の中の浴槽にお湯を引いている。

一通りお参りをすませ、納経所でご朱印を頂く。

今日はこのお寺に泊まるので、最近新しく建て替えられた宿坊の玄関に向かう。四百年の歴史のある宿坊は、お寺の山号の「温泉山」の名にふさわしい、天然の大浴場の評判が良い。

お大師様を守った厄除けのさかさ松

ところが、宿坊に泊まる人は私を含めてわずか二人。残念ながら入浴はできなかった。夕食も私一人で、寺の人に迷惑をかけたようで気が引けた。案内された部屋は個室で、ビジネスホテルの一室といった感じだった。

遍路旅も二日目になり、今日は十五キロほど歩いた。二十年前は第八番熊谷寺《くまだにじ》の近くまで歩いたので、距離にすると八割程度。六十歳と八十一歳の体力差を思い知らされる。

それにしても疲れた。夕食をすませると早々にベッドに入り、明日の旅に備えることにした。

第七番札所　十楽寺《じゅうらくじ》

八つの苦しみから逃れて十の楽しみを得る◆光明山《こうみょうざん》　蓮華院《れんげいん》◆二〇一七年十二月四日

安楽寺の宿坊の203号室。夜中の三時過ぎに目が覚めたため、ベッドを離れる。小さなビジネス机に向かい、ノートに昨日の行動を日記風にメモする。カメラのモニターで写真の確認をしたところ、まずまずの出来栄えである。

前述のように、昨夜、宿泊した人は二人だけであった。食事をするのは私だけなので、朝食の準備はできないと予約時に言われていた。その代わり、歩く途中で食べられるようにと、クロワッサン二個とコーヒー牛乳が用意されていた。

六時半、本堂に向かって頭を下げて出発。第七番十楽寺まで一・二キロ。三十分もあれば着けるだろう。細い遍路道を歩き、県道沿いの道を進む。途中で第八十八番大窪寺から逆に巡拝する「逆打ち」の若い男性を見かける。逆打ちをすると、一番から歩く「順打ち」の人の三回分のご利益があるといわれている。お互いに両手を合わせて頭を下げ、すれ違う。この辺りも過疎地となっているのだろうか、空き家が目立つ昔の街道筋である。

なかには、立派な塀を巡らせた真新しいモダンな家もあった。

予定通り七時に十楽寺に着く。納経所が開くのが七時からなので、ちょうどよい時間である。

白い門の上に朱色の楼閣があり、そのコントラストが素晴らしい。二十年前にお参りしたときは桜の季節で、朱色の鐘楼門がいちだんと華やいで見えたものだ。鐘楼門を抜けると、水子地蔵が並んでいる。赤子を抱いた地蔵様を囲むようにして、赤い涎掛けを付けた子どもの地蔵が七十体ほど安置されている。どこか切ない気持ちにさせられるが、桜の花に抱かれているのを見て、安らぎを感じたことを思い出した。

白と朱色のコントラストが美しい鐘楼門

水子地蔵のすぐ横の石段を上ると「遍照堂」という額を掲げた中門がある。上層は愛染堂となっている。背後にまわると「ご自由にお参りください」という案内板の横に階段があり、二階の部屋に入らせてもらう。そこには愛染明王が祀られていた。この明王は密教の神で、愛欲などの迷いがそのまま悟りにつながることを示している。外見は怒り狂い、真っ赤な顔をして悪の形相だが、心は優しく、愛情を込めて大衆を導いてくれるといわれている。今では縁結びだけではなく、いろいろなご縁を結んでくれる神様とされている。

本堂の中を拝観したかったが、扉が閉じられていた。資料によるとご本尊は阿弥陀如来坐像で、脇侍は観音菩薩立像と勢至菩薩立像という。鎌倉時代の作と伝えられている。

愛染明王。中央の赤い像。

もともとこのお寺は三キロほど北の堂ヶ原というところにあり、大同年間（八〇六〜八一〇年）に空海がこの地を訪れて逗留された。その際に阿弥陀如来のお姿を感じとられて樟《くすのき》で如来像を刻まれ、これをご本尊としてお寺を建立されたという。

空海は、人間の持つ八つの苦しみ、生・老・病・死・愛別離苦・怨憎会苦・求不得苦・五蘊盛苦から逃れて、極楽浄土にある十の光明に輝く楽しみを得られるように、という願いを込めて、「光明山十楽寺」と名付けられた。

かつては広大な七堂伽藍があったと伝えられているが、天正十（一五八二）年に長曾我部元親によって焼き払われ、寛永十二（一六三五）年に現在の地に移して再建された。

1994年に改築された本堂

扉が閉まっていた大師堂

目の病を癒してくれる地蔵菩薩

明治時代になると本堂が再建され、大師堂や書院などが整えられた。平成六（一九九四）年に、現在の立派な本堂に改築された。

続いて本堂の右手にある大師堂にお参りをする。ふだんなら大師像を拝顔できるのだが、師走ということで扉が閉ざされていて、内部は拝観できなかった。

本堂の左に「治眼疾目救歳地蔵菩薩」があり、古くから目を患う人々に信仰されている。この菩薩にもこんな言い伝えがある。

いつの時代かわからないが、親孝行の息子が、目の見えなくなった母親の手を引いて四国遍路をしていた。このお寺まで来たとき、大師堂の下にあった石に心惹かれ、地蔵菩薩のご真言を熱心に唱えた。すると不思議なことに母親の目が見えるようになった。

それ以来、目を患った人が熱心に祈る姿が見られるようになったという。私も昨年緑内障を患い、左目が多少不自由なため、心を込めてお参りをした。

その他、このお寺の見どころとしては、本堂の向かいの「十三不動明王」がある。太平洋戦争時の第十三期海軍予備学生の慰霊のために建立されたものである。水子供養のための地蔵尊も、境内のあちこちにあった。

一通りお参りをすませ、納経所に寄りご朱印を頂いた。鐘楼門に向かって一礼したのち、次の第八番熊谷寺《くまだにじ》に向かう。

第八番札所　熊谷寺《くまだにじ》

四国霊場最大の木造山門が目を引く◆普《ふ》明山《みょうざん》　真光院《しんこういん》◆二〇一七年十二月四日

十楽寺から熊谷寺まで四・二キロ。一時間の予定で歩き始めた。昔の遍路道の面影を残す狭い道。すぐ近くにきれいに整備された県道が並行して走っている。その向こうには徳島自動車道があり、車はそちらに流れているようで遍路道は安心して歩ける。

周りの景色を眺めながら歩いていると、お遍路姿をした「逆打ち」の若い女性に出会う。話しかけると「結願の大窪寺までのお参りをすませたので、お礼参りに霊山寺まで行くところです」と言う。若い女性をけっこう多く見かける。以前に遍路旅をしたときに出会った女性たちは、何か悩みでもあるのか、少し深刻な顔つきをしていた。しかし今回は、女性たちはみな明るい笑顔で、遍路旅を楽しんでいるように見える。

道路沿いには人が住んでいるらしい古い家もあるが、薄汚れた窓ガラスが枯れた木の枝で覆われ、雨戸も閉めたままの家が目立つ。やがて農家らしい家並みの集落に近づく。以前遍路旅をしたときに、この辺りの民宿にお世話になったことを思い出す。

民家の前の細い道を上っていくと、田んぼの中の大きな山門が見えてきた。二十年前は満開の桜と霧に包まれ、幻想的な雰囲気であった。この山門は四国霊場の中で、木造のものとしては最大である。

高さは十三・二メートル、間口が九メートル。和様と唐様の折衷様式である。貞享四（一六八七）年に建造されたもので、徳島県の有形文化財に指定されている。二層目の天井や柱などには極彩色の天女像などが描かれているという。また、山門正面の大きな額「普明山」は安政の大修理のときに寄付されたものだといわれている。門の両側には「阿」と言いながら、少し口を開けた険しい目つきの仁王像、「吽」の呼吸で境内に入るのを許してくれた仁王像が安置されている。

木造としては四国霊場最大の山門

仁王像に一礼して山門を通り抜け、五十メートルほど歩くと、広い道に出合う。道路を横断すると、右に弁天池、左に納経所がある。お寺の境内にはお経が静かに流れ、以前お参りをしたときは、美しい桜に抱かれた極楽浄土の再現か、と思ったものだ。

この多宝塔は安永三（一七七四）年に建てられたもので、胎蔵界大日如来像を中心に、東側に阿閦如来《あしゅくにょらい》、南側に宝生如来《ほうしょうにょらい》、西側には無量寿如来《むりょうじゅにょらい》、そして北側には不空成就如来《ふくうじょうじゅにょらい》が祀られており、多宝塔としては四国最大の規模を誇っている。この塔に施されたさまざまな彫刻も見逃せず、人影がないのを幸い、銀杏の絨毯に寝転んでゆっくり拝観した。

その後参道を歩き、中門に着く。平成十二（二〇〇〇）年に修復され、県の有形文化財に指定されている。門の両脇には、お寺を守る神将形の多聞天と持国天の二躯が安置されている。持国天は刀を持ち「阿」の形相をしている。一方、多聞天は宝棒を持って仏敵を打ちのめすといわれ、口を閉じて「吽」の形相である。

さらに三十三段の女厄除け石段を上ると、手水舎があり、その正面に本堂がある。

寺伝によると、空海がこの地で修行されているときに、紀州の熊野権現が現れ「末世の民衆が迷い苦しんでいるのをさとし、末永く楽土に導くように」と、一寸八分（約五・五センチ）ほどの金の観世音菩薩像を授けられた。空海はそこにお堂を建て、一刀三礼しながら霊木に等身大の千手観音を刻み、その胎内に金の菩薩像を納め、ご本尊とされた。

寝転んで拝観した多宝塔

品格のあるたたずまいの中門

石段の脇にある鐘楼

元禄二（一六八九）年に書かれた『四国霊場記』では、このお寺を次のように描写している。「境内は清幽で、谷が深く、水は涼しく、南海が一望できる。千手観音像の髪の中には百二十六粒の仏舎利が納められている」。

このお寺も元禄（一六八八～一七〇四年）の頃に幾度かの火災に遭ったという。また昭和二（一九二七）年の火災では、本堂とともに空海作のご本尊も焼失している。その後、昭和十五（一九四〇）年に再建工事が始まり、中断後、昭和四十六（一九七一）年にお堂が完成。ご本尊も新しく造られて、開眼法要が営まれた。

本堂の左手、大師堂に向かう階段の脇に鐘楼がある。袴腰《はかまごし》形式のもので、参拝者は鐘を撞くことはできない。四十二段の男厄除け

江戸時代中期に建てられた大師堂

石段を上り、大師堂に向かう。

大師堂は火災を免れ、宝永四（一七〇七）年に建てられたものが現存している。拝顔できなかったが、祀られている大師像は永享三（一四三一）年の作で、徳島県では第十二番焼山寺《しょうさんじ》の大師像に次いで二番目に古いものである。

その他、このお寺の見どころとして熊野権現を祀る「鎮守堂」がある。弁天池の弁天島の「弁財天祠」には安産の霊験があるといわれている。

先ほど通った熊谷寺の大きな山門の前で「無事にお参りをすませました。ありがとうございます」と左右の仁王様に一礼し、法輪《ほうりん》寺《じ》に向かう。

第九番札所　法輪寺《ほうりんじ》

四国霊場で唯一、涅槃《ねはん》釈迦如来がご本尊
◆正覚山《しょうかくざん》　菩提院《ぼだいいん》◆二〇一七年十二月四日

熊谷寺から法輪寺までは三・四キロ。余裕を見て一時間もあれば、という気持ちで歩き始めた。夏を思わせるような雲が山を取り囲んでいる。小さな集落の中を歩いていると、「そちらは法輪寺に行く道とは違いますよ」と中年の女性が声をかけてくれた。「これからウォーキングに出かけるところなので、途中まで一緒に行きますか」と親切に誘ってくれる。歩きながら、ときどき「田中の法輪さん」という言葉を使って、お寺について説明してくれた。しばらく歩くと「この道をまっすぐ行くとお寺です」と言われ、女性と別れた。田んぼの中の一本道を歩いていくと、前方に小さな林があり、その中にお寺の屋根が見えた。近づいていくと、昔のお寺を思わせるようなひなびた山門があった。第九番法輪寺である。二階に鐘があり、一階には金剛力士像がある。鐘楼門と仁王門が一体になっている山門である。狭い格子に囲まれた仁王様が左右に立つ。まなざしは力強いが、どこか親しみを感じた。

のどかな田園地帯にあるひなびた山門

お寺を守る阿像

このお寺は四国霊場で唯一、寝たお姿の涅槃釈迦如来像をご本尊としている。このご本尊はお釈迦様が亡くなられたときの様子を再現したもので、北枕で顔は西を向き、右脇を下にしている。周りの沙羅《さら》双樹《そうじゅ》は白く枯れ、釈迦を慕って嘆き悲しむ羅漢や動物たちの像が安置されている。その右側には薬師如来坐像、左側には釈迦如来坐像、さらにその左には弁財天が祀られている。涅槃像は空海の作と伝えられており、五年に一度御開帳される。

もともとこのお寺は、現在の場所より四キロほど北方の山間の「法地ヶ渓」にあり、壮大な伽藍があったという。空海が修行のためにこの地を訪れたときに、仏の使いである白蛇を見かけたことから涅槃釈迦如来像を刻み、この像をご本尊としてお堂を建てられた。そ

涅槃釈迦如来を祀る本堂

のため当時はお寺を「白蛇山法林寺」と号していた。しかし、このお寺も長曾我部元親の兵火に遭い、焼失。最近、その跡地の発掘作業が行われ、柱の礎石や焼土が出土した。

現在の地に移転し、再建されたのは正保年間（一六四四～一六四八年）で、当時の住職が「転法輪《てんぼうりん》で覚りを開いた」ことから山号と寺名を今の「正覚山菩提院法輪寺」とされた。田んぼの真ん中にあったことから「田中の法輪寺」と地元の人たちに呼ばれている。

ところが、安政六（一八五九）年に村人たちが浄瑠璃芝居の稽古をしているときに失火し、鐘楼だけが残った。ご本尊はこの二度の火災にも耐えて焼失を免れた。明治時代になって現在のお寺が再建されたという。

焼失を免れた鐘楼

寺宝が祀られている大師堂

本堂に奉納されたたくさんの草鞋

本堂にはたくさんの草鞋《わらじ》が奉納されている。

昔、杖を突いてしか歩けなかった人が、参道を歩いていると急に足が軽くなり、杖なしで歩けるようになった。そこから草履が奉納されるようになったといわれている。草鞋は納経所で購入でき、本堂に奉納する人もいるが、足腰のお守りとして持ち帰る人もいる。

また、本堂の右隣りに回廊でつながる大師堂がある。この大師堂には、公開はされていないが、寺宝の「大師御衣」がある。高野山奥の院の御廟で入定されている弘法大師が御衣替されたものを、明治十五（一八八二）年に天皇より賜ったものである。

その他、さすったところが良くなるという「びんずるさん」を祀る、小さなお堂がある。

最後に納経所に寄りご朱印を頂く。山門に一礼して、第十番切幡寺《きりはたじ》に向かおうとした。するとと私が山門を出るのを待ち構えるようにして、年配の女性が近づいてきた。

何か話しかけなくては悪いように思えて「十番の切幡寺へはその道を右に曲がればよいのですね」と声をかけた。すると、女性は手にしていた「へんろみち保存協力会」の地図を掲げ、「この地図はわかりにくい」と言いながら、にらみつけるような目で見る。どうやら昼時なので「うちの食堂で食事をしてほしい」と言いたいようであった。私はさほどおなかがすいていなかったので素通りしようとしたため、気分を害したようだ。女性の態度は、あまり気持ちのよいものではない、私は早々にその場を離れ、切幡寺《きりはたじ》に向かった。

第十番札所　切幡寺《きりはたじ》

千手観音になった孝行娘を祀る◆得度山《とくどさん》灌頂院《かんじょういん》◆二〇一七年十二月四日

法輪寺の林を過ぎると一面に田んぼが広がっている。地図が示す遍路道は、どこまで歩いても田んぼの中の小道だ。一～二キロ歩いた遍路道沿いに、法輪寺番外霊場の小豆洗《あずきあらい》大師堂《だいしどう》がある。

これは、空海が水不足に苦しむ農民を見て、小豆を洗った水を加持して清水を湧き出させたといわれる泉の跡だ。また、寒い冬の夜、空海が小豆粥を炊こうとしたが水がなく、楠の根元を杖でつついて清水を湧き出させたともいわれる。この泉の周辺の家では、清水が湧き出た十二月二十四日の夜に、小豆粥を炊く風習が残っていたという。

小さなお堂の中には大師像が祀られていた。お参りをして歩き始める。途中で称念寺の境内を借りて一休み。昼食の代わりにチョコレートで空腹を満たす。

法輪寺から三・一キロの四つ角を右に曲がると、急な上り道になり、息切れがする。高速道路の下を通り抜けたところで一休み。またチョコレートを口にして、五分ほど水の流れていない側溝に座って体調を整える。

　再び歩き始めると、すぐに山門が目に入る。お寺は切幡山の中腹にあり、この辺りの標高は百五十五メートル。先ほど曲がった角の標高は六十三メートル、と書かれていた。七百メートルほどの距離でこの高低差。かなりの急こう配だ。息切れがするはずである。

　ようやく山門にたどり着く。九番法輪寺から十番切幡寺までは四キロの道程。時計を見ると十三時三十分。一時間半ほどかかっていた。

　山と谷に挟まれた山門は静かだった。左右の仁王像は白い木枠で囲われていて見えにくいが、拝ませてもらった。ぎょろりと大きな目玉でにらまれると、仏の敵も退散しそうである。

静かなたたずまいの山門

本堂までの距離は約八百メートル。山門をくぐると、三百三十三段の石段がある。すぐ横には狭い道路があるが、車で遍路旅をする人にとっては難しい運転を強いられそうだ。

この長い石段の最後に待ち受ける三十三段の女厄坂、四十二段の男厄坂を上り切ると、ようやく本堂のある境内に到達する。本堂は、拝殿土間、本堂、奥殿の三重構造になっている。本堂には後述の大塔《だいどう》のご本尊だった大日如来が、奥殿には千手観音像が、祀られているが、秘仏となっていて拝観できない。言い伝えによると、このお寺が開かれたのは平安時代で、その頃空海は旅の僧侶姿で四国をまわられていた。この山の麓まで来たときには僧衣はかなり傷んでいた。そのとき近くの民家で機《はた》を織っていた娘を見かけ、繕う布を求めたところ、娘は織りかけていた布を惜しげもなく切り裂いて空海に差し出した。

感動した空海が、娘に望むものを尋ねると、父母の供養のために千手観音を彫ってほしいと答えた。空海はその場で千手観音を刻み、娘を得度させ、仏との縁を結ぶために頭に水を注ぐ灌頂《かんじょう》を行った。すると、娘はたちどころに即身成仏して千手観音の姿になった。

このことを嵯峨天皇に話したところ、感激されて天皇の命でお寺が開かれることになった。空海の彫った千手観音を南向きに、娘が即身成仏した千手観音を北向きに安置し、ご本尊とされた。「得度山」という山号や「灌頂院」という院号は、この故事にちなんでいるという。

長い石段

秘仏が安置されている本堂

方形になっている大塔

次いで大師堂にお参りする。背後の大銀杏は、これまでのお寺のものに比べると少し見劣りはするものの、黄色く染まった葉が美しい。しばらく足を止めて目の保養をさせてもらった。

大師堂の前には鐘楼があり、大師堂の左側の石段を上ると不動堂がある。さらに石段を上ると大塔がある。木造の風格のある建物で、高さが二十四メートルの二重塔である。

この塔は、もともとは徳川家康の勧めにより、豊臣秀頼が父・豊臣秀吉の菩提を弔うために、大阪住吉大社の神宮寺である新羅寺に建立したものである。しかし、明治初めの廃《はい》仏毀釈《ぶっきしゃく》によって新羅寺が廃寺となったため、切幡寺が購入して当地に移築した。

下段の屋根と上段の屋根の間の本体部分が、

紅葉の中にたたずむはたきり観音

円筒状ではなく、方形になっており、二重塔でこのような形式は国内唯一。国の重要文化財に指定されている。

ここからの眺めは素晴らしい。吉野川流域の田んぼや民家が一望できる。対岸に連なる山には四国霊場巡り結願のお寺、第八十八番大窪寺がある。

石段を下りて、このお寺の名前に由来する「はたきり観音」をお参りする。観音様は右手にハサミ、左手に長い布を手にして静かにたたずんでいた。この他、銀杏の黄色い絨毯の上に鎮座する、虚空蔵菩薩堂や弁財天堂などの小さなお堂にも手を合わせた。

十四時二十分、山門に一礼し、第十一番藤《ふじ》井寺《いでら》に向かう。

第十一番札所　藤井寺《ふじいでら》

空海お手植えの藤が由来◆金剛山《こんごうさん》◆二〇一七年十二月四日

今日の最後のお参りである。藤井寺までの距離は九・三キロ。二時間の予定で歩く。

七百メートルほどの急な坂道を下ると四差路に出る。その先は田んぼに囲まれた平坦な道になる。一・一キロほど歩くと、見覚えのある四国電力変電所に着く。この辺りは二十年前と全く変わっていない。その横を通り過ぎると広い道に出合い、横断すると古い家並みが続く。人影はない。古い街道を歩いていると、小さな接待所を見かけた。一休みをするつもりで立ち寄る。テーブルの上に何冊かのノートが置かれていた。ページを開いてみると、歩き遍路の人たちが次々に立ち寄り、お接待を受けている様子がうかがえる。

集落を過ぎ、小さな橋を渡ると、また田んぼが広がる。小雨が降り始めた。霧に包まれた景色も以前歩いた頃と変わっていない。荒れ地のところどころに菜の花が咲き、それを立ち止まって眺め、疲れた身体を癒したことを思い出す。嫌になるほど農道は延々と続く。竹藪の向こうには、吉野川の堤防が見え隠れしている。

道なりに歩いていると「お遍路さん。お遍路さん」と軽自動車に乗った中年の男性から呼び止められた。「そのままでも行けるが、その堤防を上るほうが近道だ」と教えてくれる。

お礼を言って堤防に設けられた石段を上ってみると、すぐ下に高欄のないコンクリートの橋が見えた。切幡寺から五キロの地点にある「川島橋」だ。長さは二百八十五メートル、幅は三メートル。洪水時には橋の上を水が流れ、流木などが引っかからないような構造になっている。この潜水橋は周りの景色にすっかり溶け込んでおり、観光スポットとして写真で紹介されているのをよく見かける。

橋を渡り終えたところに、歩き遍路が宿泊できるような小さな接待所が設けられていた。簡易なベッドもあり、寝袋を持っていれば一

霧にかすむ川島橋

夜の宿にもなりそうだ。

霧雨が降り続いている。常に持ち歩いている登山用の雨具を着こむほどではないので、携帯用の雨傘を差して歩く。

古い街並みが続く。この辺りにも人影はない。JR徳島線のガード下を通り、切幡寺から六・五キロ地点まで来た。ここから広い道路を横断して左へ曲がることになっているが、似たような道が左右にあり、どの道なのかわからない。

とりあえず落ち着こうと思い、自動販売機でコーヒーを買って飲んでいると、軽自動車が通りがかる。近くに停まったので、藤井寺までの道順を尋ねると「私もその方面に用事があるので乗っていかないか」と言ってくれた。

以前も川島橋の辺りで同じように誘われたことがあった。しかし、そのときは千四百キロの道程を歩き通すことが目的の一つでもあったため、車の接待をかたくなまでに断り続けた。だが、今回は雨が降り、疲れてもいて、藤井寺までまだ二・八キロもある。素直に車のお接待を受けることにした。車は曲がりくねった狭い道を走り、十七時前に藤井寺の駐車場に着いた。雨はやんでいたが、辺りはすでに暗くなり始めていた。

藤井寺は三方を山に囲まれ、民家の奥にある小さなお寺といった印象だった。車のおかげで予定より一時間も早くお寺に着いた。今日中にお参りをすませておけば、明日は朝早

山に抱かれた山門

く次の焼山寺に出発できる。そう思いながら山門をくぐった。山門の左右には大きな草鞋が奉納されていて、その後ろに隠れるようにして仁王様が鎮座されていた。だが、小さな目の金網で覆われていて、写真には撮れなかった。

山門に一礼して入り、石段を上ると藤棚があった。空海のお手植えとされており、四月の下旬から五月にかけてノダ藤やレンゲ藤が境内を彩る。十二月のこの日は葉が落ちて、寂しい光景だった。この藤はお寺の名前の由来にもなっていて、見どころの一つでもある。

参道の正面に本堂がある。本堂の周りにも紅葉している木があったが、すでに葉は散ってしまっていた。紅葉の季節も風情があると聞いていたので残念である。

伝承によると、三方を山に囲まれ、静かな渓流の流れる仙境に心惹かれ、空海は四十二歳のときにこの地を訪れて護摩修行をされた。自らの厄難を祓い、大衆の安寧を願って薬師如来像を刻み、お寺を建てられた。ここから二百メートルほど離れた八畳ほどの広さの岩の上に、金剛不壊といわれる強固な護摩壇を築き、十七日間の修行をされた。お寺の前に五色の藤を植えたことから金剛山藤井寺と名付けられたという。

お寺は真言密教の道場として栄えたが、他のお寺同様、長曾我部元親の兵火に遭う。だが、延宝二（一六七四）年に臨済宗の南山国師が入山し、臨済宗の寺として復興させた。その後、天保三（一八三二）年に再び火災に遭い、ご本尊以外はすべて焼失してしまった。現在の伽藍は万延元（一八六〇）年に再建されたものである。二度の火災に耐えたご本尊は「厄除け薬師」として人々に親しまれ、国の重要文化財にも指定されている。

本堂のご本尊は薬師如来坐像である。榧《かや》の一木作りで彩色はされていない。高さ八十六・七センチ。秘仏で一般には公開されず、本堂の裏にある収納庫に納められている。背板の内側には久安四（一一四八）年仏師経尋という銘がある。本来は釈迦如来像として造られたもので、重要文化財指定の正式名称も「木造釈迦如来坐像」である。

本堂には前立本尊、薬師如来がある。天井には雲龍が描かれている。この雲龍は地元の

本堂の中を拝観

吉野川市出身の日本画家林雲渓の作で、昭和五十二（一九七七）年に本堂が改修されたときに描かれたもの。三十畳ほどの大きさで、にらみを利かせた表情は迫力がある。

大師堂は平成八（一九九六）年に新築されたもの。小ぶりなお堂だった。境内で見逃せないのが、八本の手を持った龍、八臂《はっぴ》白龍弁財天を祀ったお堂である。この弁財天は八つの手に弓、矢、刀、蔵の鍵などを持ち、金運、武術、芸術の願いを叶えてくれるという。

本堂の前には水掛け地蔵がある。この水は焼山寺の谷川の水を引いたものだ。

辺りは薄暗い。今日はお寺のすぐ近くの民宿に予約を入れている。車のお接待を受けたので、予定より早く宿に入れた。

第十二番札所　焼山寺《しょうざんじ》①

四国霊場の最大の難所◆摩盧山《まろざん》　正寿院《しょうじゅいん》◆二〇一七年十二月五日

八十路の遍路旅を始めて四日目、今日は四国八十八ヵ所の霊場のなかで、最も難所とされる第十二番焼山寺に向かう。藤井寺から十二・九キロ、標高九百三十八メートルの焼山寺山の八合目にあるお寺で、藤井寺との標高差は七百メートル。大半が上り道だ。

遍路道の入口に「焼山寺へ、遍路道、健脚五時間、平均六時間、弱足八時間」と書かれた案内標識がある。定年退職直後の六十歳のときは四時間足らずで歩き、午前中に到着できた。前回は焼山寺から十・二キロほど離れた阿川に宿泊したので、今回は少し余裕を見て焼山寺から三・五キロほど下った鍋岩の民宿に予約を入れていた。

朝食をすませ、六時半頃民宿を出る。途中で犬の散歩をしている女性と一緒になり、藤井寺の話などを聞かせてもらいながら二十分ほど歩き、藤井寺に着く。山門で一礼した後、昨日お参りをすませた本堂と大師堂にも手を合わせる。

以前の遍路道の入口は閉鎖されていて、新しい道が藤井寺の本堂のすぐ横から始まっていた。いよいよ「お大師さんの計らいによって作られた六ヵ所の苦行の道」に取りかかる。これは「遍路ころがし」といわれるお遍路泣かせの難所で、急こう配の坂道だ、

道沿いには古い道標や石仏などがあり、昔のままの遍路道の風情を感じさせる。六ヵ所の難所「遍路ころがし」の一番目を示す6分の1と書かれた標識があった。小枝には「苦は楽に通じる」などといった人生訓が書かれた布切れが吊り下げられている。

尾根沿いや、小さな山の頂を超えたりしながら道は続く。二十分ほど山道を上ったところで標高二百二十五メートルの「端山休憩所」に着く。ここからの眺めは素晴らしく、吉野川を挟んで昨日歩いた道程が一望できた。

遍路ころがしと呼ばれる難所を歩く

さらに尾根沿いの山道を一時間ほど歩いたところに、小さなお堂があった。屋根には銀杏の落ち葉が積もり、お堂の周りにも黄色く染まった落ち葉がたまっている。藤井寺から三・二キロ、標高四百四十メートルの「長戸庵《ちょうどあん》」である。昔、当地で休息されていた弘法大師が丁度通りがかった旅人の足腰の痛みをとってやったところ、その旅人がお礼として一宇のお堂を建て大師の像を祀って「修行山長戸大師堂」と名付けたという。この庵の名前は、きつい遍路道を上ってきて一息入れるのに「ちょうどいい」ということにも由来している。時計を見ると九時三十分。般若心経をあげ、お堂の中を拝ませてもらう。

秋の風情を味わっているうちに、木々の梢が騒ぎ始めた。上空にかなり強い風が吹いているようだ。青空はまだ残っているが、急いだ方がよさそうだ。早々に腰を上げて歩き始めた。標高が上がるにつれ、寒々とした木々に囲まれた殺風景な山道が続く。歩き始めてからまだ誰とも会っていない。一人だけで歩く山道。少し心細くなり始める。

標高五百四十メートルのピークを過ぎると、下り坂となる。この頃、風がいっそう強くなり、雲行きも怪しくなる。辺りは薄暗く、小さな雪が舞い始めた。冷気を感じながら歩くうちに、きれいに石を敷き詰めた下り坂に出る。これも「遍路ころがし」の一つだ。敷石の隙間に足を取られないように気をつけながら下る。

以前はこの辺りに「柳水奥の院」という庵があり、大師像が祀られていたが、今はその

無人となった柳水庵

庵の戸は閉ざされている。さらに山道を五分ほど下ると、杉の木の間に建物が見え隠れするようになる。足元に気を配りながら下っていくと、「柳水庵《りゅうすいあん》」に着く。藤井寺から六・六キロ、標高五百メートル。十一時三十二分だ。

「柳水庵」のご本尊は弘法大師である。平成九（一九九七）年に、私がこの庵を訪れたときには二人の尼さんがいてお茶のお接待を受けた。だが、今は無人となり、雨戸も固く閉ざされていて、一抹の寂しさを感じる。般若心経を唱え、内部のご本尊を扉の隙間から拝む。昼時なので、以前にお茶のお接待を受けた場所に座り、おにぎりを食べる。庵の前に置いていた八キロ余りのリュックや遍路笠、金剛杖も寂しげだ。

一休みして歩き始める。庵から少し下ると県道４４０号線と交差する。この地点を境に急な上り坂になり、苦しい思いをした記憶があるが、今はきれいな林道が整備されていた。道幅の広い林道が続く。あまり変化のない林道は魅力に乏しく、ただ足を運ぶだけ、といった思いである。やがてその林道も途切れ、遍路道の標識のある山道になる。

周りには杉の木が規則正しく植えられている。遍路道は細い山道になり、周りの木の下にはうっすら雪が見える。日暮れのように薄暗く、落ち葉は湿気を帯びて滑りやすい。大きな岩や小さな岩が重なり合って、足元が不安定だ。突然道が曲がっていたり、木の切り株を避けたり、急な山道が続く。一歩一歩気を配りながら足を運ぶので普段より疲れる。歩くたびに八キロのリュックを後ろから引っ張られるような感じがして、体のバランスが崩れ、幾度か尻もちをついたり、座り込んだりした。

慎重に足を踏みしめ、前かがみになって歩き続けていると、石段が現れた。この遍路道で最も高い標高七百四十五メートルにある「浄蓮庵《じょうれんあん》」だ。藤井寺からは八・八キロ。四十二段の石段を上ると、高さ三十メートル、幹周りが七・六メートルもある「左右内《さうち》の一本杉」が立っていた。徳島県の天然記念物になっている巨木だ。この杉に守られるようにして「一宿山浄蓮庵《いっしゅくざんじょうれんあん》」があった。「一本杉庵」ともいう。無人の庵だが、空海がここで木の根を枕に仮眠したところ夢の中に阿弥陀如来が現れたので、その尊像を刻み安置

千手観音のような左右内の一本杉

したとされる。このとき杉も植えられ、それが左右内の一本杉になったと伝えられている。

　般若心経を唱え、お参りをする。ガラス戸を通して庵の中を拝観したが、ご本尊の阿弥陀如来像はなかった。真向かいに千手観音像が祀られている祠があった。立派な観音様で、この庵が栄えた頃に思いを馳せる。立ち去るときに振り返ってみると、太い幹から八方に枝を広げている杉の姿は、千手観音を思わせた。

　すでに十三時を過ぎている。この調子だと焼山寺に着くのはかなり遅れそうだ。

　ここからはほとんどが急な下り道。一・六キロほどの下り坂は辛い。左目を傷めているので体のバランスがとりにくい。慎重に足を運ぶため、上りよりも時間がかかってしまう。

県道43号線と左右内川を挟んで民家を見かける。左右内の集落である。しかし、人影はない。この辺りは標高四百メートル。標高差三百四十五メートルものきつい道を下ってきたことになる。左右内谷川にかかっている一ツ瀬橋を渡ると、上り道になる。風に舞うようにして雪が降り続いている。それもかなり大粒の雪になっている。焼山寺まではまだ二・五キロあり、標高差も三百メートル。雪が積もり始め、遍路道は白く染まっていく。

南国の雪は湿っているので滑りやすい。岩屑《がんせつ》や木の切り株に足を取られながら上り続けた。ときには滑って転んだり、尻もちをついたりしながらの苦行の山道である。カメラを取り出して周りの景色を撮る余裕もなく、スマホで撮るのが精いっぱい。標高六百メートルの山道を上り切ると、その後は上ったり下ったり。

かつてこの辺りに、厚いコケに覆われた墓石が八基、かばいあうように立っていた。「童子」「天保二年」などと刻まれていたので、行き倒れになったのだろう。手持ちのチョコレートをひとかけらずつ供え、般若心経を唱えたものだ。今回もお賽銭でもと思ったが、そのお墓は見当たらなかった。

そろそろお寺に着いてもよい頃だと思いながら、ふと目を上げると立派な石の灯篭があった。以前と全く様子が変わっており、それが駐車場から焼山寺への参道だとわかるまで少し時間がかかった。周りは白い雪に覆われている。本堂に行く道は左右どちらか迷っ

雪で滑る山道に四苦八苦

ていると、たまたま若い女性のグループが通りがかり、教えてもらえた。

石段を上り納経所に着いたときには、すでに十六時。藤井寺を出て十時間もかかってしまった。八十一歳という年齢や体力の衰えは隠しきれないと痛感する。

辺りは暗く、納経所の住職は「この雲行きでは明日は雪が積もり、お参りも難しくなるでしょう」と言う。納経をすませ、荷物を置かせてもらい、とりあえずお参りに出かける。本堂で般若心経を唱えていると、騒々しい人々がおり、すっかりペースを崩されてしまう。これまでの疲れが一気に出て、納経所に引き返した。明日改めてお参りすることにし、タクシーで三・五キロ離れた民宿へ向かった。

第十三番札所　大日寺《だいにちじ》

しあわせ観音が出迎えてくれる◆大栗山《おおぐりざん》花蔵院《けぞういん》◆二〇一七年十二月六日

五時過ぎに目が覚めた。住職の予想通りかなりの積雪。タクシーでと考えたが雪のため断られ、今回は諦めて春の雪解けを待って出直すことにした（140ページ参照）。

今日は第十三番大日寺《だいにちじ》へ向かう。宿から大日寺まで約十八キロ。七時に出発した。小さな橋を渡り、県道43号線沿いに百メートルほど歩くと、道端に「遍路道」の標識があり、道幅の広い林道を歩く。やがて、小さな渓谷に沿った山道に「遍路道」の表示を見かける。きれいに整備されているが、かなりきつい上りの山道である。息を切らしながら、標高四百五十五メートルの玉ケ峠《たまがたお》にたどり着く。麓から二キロほどあり、標高差は二百メートル。

ここからは舗装された広い道で下り坂になる。道沿いに集落があり、ポツ、ポツ民家を見かけるが、人影はない。右手のはるか下には、蛇行する鮎喰川《あくいがわ》と川沿いの民家が見える。

峠から三・五キロほど下り、神山という集落に着く。人気のない小屋で一休みしてチョコレートをかじる。周りには田舎の原風景が広がっている。この辺りの標高は二百六十五メートル。ここからも単調な下り坂が続く。三・五キロほど下り、標高八十五メートルの鮎喰川沿いの阿川という集落に着いた。以前は藤井寺からここまで一気に歩き、この近くの民宿に泊まった。ずいぶん体力が落ちたものだと改めて思う。

橋のたもとのカーテンが引かれた店の前では、お年寄りを模した人形が仲良く日向ぼっこ。遍路姿の親子の人形も、この橋を渡れと道案内。以前に泊まった民宿はまだ営業を続けているようだ。懐かしく思いながら橋を渡る。しばらく行くと、畑仕事をしている人形と「大日寺まで約12㎞です」の看板が。以前テレビで見た記憶のある「阿川のかかし」だ。ちょっと立ち止まり、あどけない顔を眺めていると疲れが癒される思いがした。

畑仕事をするかかしと看板

そこを過ぎると遍路道は少し上り坂になり。標高百二十メートルの峠を越えて下る。潜水橋を通って鮎喰川を渡り、広い県道20号線に出る。日差しも強くなり、後ろから来る車に気を遣う。左側は山、右側は鮎喰川、ところどころに民家を見かけるが、人の姿はない。歩き遍路旅をする外国人も多いと見えて、道路沿いの電柱には遍路道の案内標識とともに英文の案内のシールも貼られていた。七キロほど辛抱して単調な道を歩いていると、広野郵便局や駐在所を中心に、商店が軒を並べる集落に着く。河野橋を渡ると、その先は川の右岸側の道を歩くことになる。県道21号線。この道も退屈な広い道がどこまでも続く。疲れも出始め、嫌気がさして歩く速度も遅くなる。疲れに耐えながら四キロほど同じような道を歩き続けたが、ますます嫌気がさしてくる。気力も失われ始めた。

まだ四キロほどある。近くのバス停で時刻表を確かめると、十五分後に徳島方面へのバス便があるとわかり、待つことにした。ところがいっこうに来ない。一時間ほど待ち、諦めてタクシーを呼ぶことにしたが、連絡先がわからない。たまたま近くで建築工事をしている人がいたので声をかけると、これから徳島方面に行く用があるので大日寺まで連れて行ってくれるという。ありがたい。おかげで十分ほどで大日寺の駐車場に着いた。

民家の密集した狭い道を少し歩くと、石段があった。狭い県道を挟んで左側に大日寺、右側に一宮神社がある。もともとは一つの社で、本堂は一宮神社にあり、大日寺は一宮神

大日寺の山門、薬医門

社を管理する別当寺であった。だが、その真ん中に県道21号線を開設したため山門を撤去し、最低限の道幅を確保したようだ。平成十八（二〇〇六）年に復元された薬医門が、大日寺の山門の役割を果たすようになった。この薬医門の屋根は中心が前方寄りになっており、武家や医家によく見られる形式で、山門としては珍しいといわれている。

正面にある右側の石柱には「四国第十三番霊場」、左の石柱には「一の宮大日寺」と刻まれている。一宮神社と大日寺が一体であった名残だろう。現在はその背後に小さな石柱が設けられていて、四脚門となっている。

山門を入ると、正面の「しあわせ観音」が目に入る。合掌している手に包まれるようにして、美しい色合いの観音様が祀られている。この観音様は参拝者に幸せを与えてくれるという。背後から見ると、指先まではっきりと造作されていた。観音様の後ろには樹齢百年といわれ、「招霊の木」と呼ばれているオガタマノキが、青々とした枝を広げている。

例によって手や口を清め、まず納経所に行く。声をかけると中年のきれいな顔立ちの女性の住職が対応してくれた。四国八十八ヵ所霊場で唯一の外国人住職、韓国人のキム・ヨウソンさんである。先代住職が亡くなり、その夫の後を継いだ。舞踏家としても名高い。

納経帳に御朱印を頂き、写真撮影の許可を得て、まずは本堂に向かう。例によって写経と納札を納め、合掌、読経をした後に、ご本尊を拝ませてもらう。

寺伝によると、空海が鮎喰川の対岸の「大師が森」で護摩修行中に、紫雲に乗って大日如来が現れ、そのお告げによって建立されたという。平安時代末期に、阿波の総鎮守一宮が当地に分祠されて一宮神社が造られ、大日寺は神社に付属する別当寺となった。

だが、やはり天正の兵火によって焼失し、江戸時代に再建。明治時代に入ると神仏分離の思想から、一宮神社と分離した。その際、もともと一宮神社にあった行基作と伝えられる十一面観音像は大日寺に移され、ご本尊となった。この十一面観音は秘仏であったが、平成二十六（二〇一四）年以降は拝顔できるようになった。

このお寺には「雪隠《せっちん》の奇跡」という話が伝えられている。十二代の隆栄和尚の頃、不自

蓮の花を手にして微笑むしあわせ観音

由な足で何度も遍路旅をしていた人が、本堂の裏の薄暗い竹藪にある雪隠（便所）に行くと、両足をしっかり踏ん張って立てるようになり、うれし泣きしたという。

また、本堂の左側には体をなでるとご利益のある「おびんずる様」が鎮座されている。

本堂の真向かいに大師堂があり、その裏に鐘楼がある。その他、目を引くものとして地蔵堂がある。「しあわせ観音」の裏側には小さな池があり、竜王像を囲むようにして、七福神や水子地蔵などが並んでいる。

薬医門に一礼し、第十四番常楽寺《じょうらくじ》に向かって歩き始めた。

第十四番札所　常楽寺《じょうらくじ》

四国霊場唯一、弥勒菩薩がご本尊◆盛寿《せいじゅ》山《ざん》　延命院《えんめいいん》◆二〇一七年十二月六日

大日寺から第十四番常楽寺までは二・三キロ。五十分ほどの予定で歩き始めた。先ほどの狭い県道をしばらく歩くと、鮎喰川に沿って遍路道の標識が案内してくれる。広い建設資材工場の横を通る。以前に歩いた記憶がある。長い一宮橋を渡るときに、遍路笠が風に吹き飛ばされそうになったことを鮮明に思い出す。

その橋を渡り、広い県道を右に曲がると、すぐ近くに遍路道の表示があった。それに従って狭い上り道を歩く。人通りの少ない道を右に左に曲がりながら歩いていると、夕闇が迫る中、サッカーボールを蹴り合って仲良く遊ぶ子どもたちを見かけた。常楽寺には、戦災孤児のための福祉施設が設けられ、現在でも十八歳までの子どもたちが一緒に生活していると、後で知った。四国八十八ヵ所の霊場の中にある、唯一の養護施設である。

坂道を少し上ったところに鳥居があり、さらに急な石の坂道を上っていくと、山門はなく、「人生即遍路」と書かれた石柱の後ろに「四国第十四番常楽寺」と書かれた石柱が立って

いた。その石柱に「お参りさせてください」と頭を下げる。石段を上ると、鐘楼、修行大師像、無縁塔、智俊猊下之像などが目に入る。

断層がむき出しになっている自然の岩盤の上にお寺は建てられていて、その岩の形がまるで水が流れるように見えるので「流水岩の庭園」と名付けられている。このお寺の見どころの一つでもある。左手の手水場で手や口を清め、一番奥にある本堂にお参りする。大きな扁額に迫力を感じる。

寺伝によると、空海が四十二歳の厄年にこの地を訪れ、真言の秘法の修行中に、化身した弥勒《みろく》が多くの菩薩を従えて現れた。空海はそばの霊木に弥勒の像を刻まれ、お堂を建てて、ご本尊とされたという。四国霊場の中では唯一、弥勒菩薩をご本尊としている。

岩盤の上に建立されている

空海の甥の真然僧正が金堂を、高野山の再興で知られた祈親《きしん》上人が講堂や三重の塔、仁王門などを建立し、その当時は七堂伽藍がそびえる大寺院であった。

室町時代には、阿波の守護大名の祈願所になった。しかし、天正の兵火により焼失。その後、寺は荒廃したままになっていたが、江戸時代初期の万治二（一六五九）年に徳島藩主・蜂須賀光隆によって再建された。文化十五（一八一八）年になり、ため池を作るために谷間から五十段の石段を設けて、現在の地に移転した。

本堂には、弥勒菩薩坐像と両脇仏の不動明王立像、毘沙門天《びしゃもんてん》立像が同じ厨子《ずし》のなかに祀られている。本堂の格子の間から内部を拝観させてもらう。

本堂

本堂の右側にはアララギ（イチイ）の大木がある。「アララギ大師」と呼ばれ、お参りすると糖尿病や眼病に霊験があるという。この木の股には小さな弘法大師が祀られている。

大師堂では大師像を拝顔しようと思ったが、扉が閉められていた。大師堂の背後に、隠れるようにして愛染堂がある。アララギ大師に目を奪われ、つい見逃しそうになる。

その他の見どころとしては、本堂の前の地蔵菩薩像がある。子供の夜泣きや寝小便、歯痛、足の痛みなどにご利益があるとされている。「三界萬霊」と書かれた文殊《もんじゅ》菩薩尊も祀られていた。最後に納経所に寄りご朱印を頂く。

お寺の境内を通り抜け、第十五番國分寺《こくぶんじ》へ向かう。日暮れが近く、疲れが出始める。

アララギの木の股の弘法大師

第十五番札所　國分寺《こくぶんじ》

火と厠の神様が鎮座◆薬王山《やくおうざん》　金色院《こんじきいん》◆
二〇一七年十二月六日

常楽寺から國分寺までの距離は〇・八キロ。下り坂のため十分の予定。少し薄暗くなりかけているので、時間が気にかかる。曲がりくねった民家の間を通り、山裾の道を歩くうちに右側に山門が現れる。山門の前には「四国第十五番　曹洞宗國分寺」「聖武天皇勅願所」と青い文字で刻まれた石柱がある。山門の「薬王山」と書かれた立派な額に頭を下げて、境内に入る。お寺は改修工事中で、右側の通路を通ってお参りするようにとの案内がある。至る所で工事が進められているため、写真は撮れない。以前にお参りしたときは、山門をくぐると本堂が真正面に見えたが、今回は工事中のため、仮本堂となっている烏枢《うす》沙摩《さま》明王堂《みょうおうどう》でお参りすることにした。國分寺も天正年間に長曾我部元親によって焼き払われたが、唯一、烏枢沙摩明王堂だけが焼失を免れた。

このお堂には「烏枢沙摩明王」が祀られている。空海が唐から招聘した密教の神様とされ、この世の一切の汚れを焼き尽くし、烈火で不浄を清浄と化すといわれ、その像を空海が刻んだとされている。いろいろお願いすると、一つだけ聞き入れてくださるという。また納経所にあるお札を貼るとトイレが浄化される。婦人病や下の病にも効くといわれている。厠の神様として、他の四国霊場ではトイレの片隅にひっそり祀られていることが多いが、このお寺では立派にお祀りされている。

　このお寺は、天平十三（七四一）年に、聖武天皇が天下泰平を祈願して諸国六十六ヵ所に建立した國分寺の一つである。寺伝によると、行基が天皇の命を受けて薬師如来を刻み、お寺を建築した。聖武天皇から賜った釈迦如来像と大般若経《だいはんにゃきょう》が、光明皇后の位牌厨子に納められた。その当時は法相宗《ほっそうしゅう》の寺院として七堂伽藍を誇る大寺院だったという。

　弘仁年間（八一〇～八二四年）になり、修

立派な額のある山門

行中の空海がこのお寺を訪れて、真言宗に改宗されたと伝えられている。ところが前述のように天正の兵火に遭い、長年荒れたまま放置されていた。寛保元（一七四一）年、徳島藩主・蜂須賀家の命によって復興に取り掛かり、吼山養師和尚が再建した。その際に現在の曹洞宗となった。

また大師堂は平成八（一九九六）年に火災で焼け、平成二十六（二〇一四）年に新築再建された。見た目にも真新しいものだった。

その他の見どころとして、本堂の前に鐘楼堂がある。古くて歴史がありそうな立派なものである。その近くには七重塔心礎といわれる石が置かれている。「環溝型」という珍しい形式で、興禅寺の前の田んぼから移された、ともいわれている。

工事中だったが、本堂の横に阿波國分寺庭園という枯山水の庭園もある。徳島特産の「阿波の青石」と呼ばれる巨石を使った石組みの庭園で、戦国武将の三好氏が安土桃山時代に築いたとされる。江戸時代の後半に大幅な改修工事が行われた。その後、日本庭園史の研究者・重森三玲氏により昭和十五（一九四〇）年に見出され、平成十二（二〇〇〇）年に発掘調査がなされた。安土桃山時代を代表する庭園として、国の名勝にも指定されている。高さ四メートルあまりの立石《りっせき》は国内最大のものである。

烏枢沙摩明王堂と大師堂のお参りをすませると、十七時になろうとしていた。國分寺か

庭園の巨大な立石

ら次の第十六番観音寺《かんおんじ》までは約二キロ。予約をしている民宿には、遅くとも十八時には着く予定と告げている。今回の旅は、六十歳のときの遍路旅の経験に基づいて時間設定をしたので、大きな誤算が生じた。元気なつもりでも、八十一歳という年齢はごまかせない。

第十六番観音寺と第十七番井戸寺のお参りも、春に延期とし、國分寺からタクシーで、第十八番恩山寺近くの民宿へと向かう。到着したときには、暗くなっていた。宿泊者は私一人。風呂に入り、缶ビールを一本頼み、夕食をすませる。主人が部屋の暖房を最強にしてくれたが、真冬とあってなかなか暖まらない。押し入れから追加の布団を取り出し、ようやく眠りに就いた。

第十八番札所　恩山寺《おんざんじ》

母養山《ぼようざん》　宝樹院《ほうじゅいん》

空海が御母堂のため女人禁制を解かれた

◆二〇一七年十二月七日

朝食をすませ六時四十分に宿を出発、すぐ近くの第十八番恩山寺に向かう。七時十分、赤い橋を渡り、山門に着く。大きな草鞋が奉納されており、歩き遍路にとっては気が引き締まる思いだ。草鞋の隙間から山門の内部を見ると、少し傷ついているが着色された仁王様を拝観できた。

正面に、空海お手植えと伝えられる毘蘭樹《びらんじゅ》がある。樹皮がはがれて、紅黄色の木肌があらわれている。この姿に、博打打《ばくち》ちが負けて身ぐるみはがされた姿を連想し、「博打の木」とも呼ばれている。空海が御母堂を出迎えられたときに、記念にお植えになったといわれている。

山道をしばらく上ると、大きな修行大師像が見える。その後ろに石段があり、樹齢三百年の銀杏の巨木や、空海お手植えと伝えられる樹齢三百五十年のソテツの植え込みなど、立派な樹々が目につく。

石段を上って境内に入り、さらに石段を上り詰めたところに本堂がある。以前にこのお寺にお参りしたときは桜が満開で華やかな雰囲気であったが、今回は師走だからか人影もなく、ちょっと寂しい。

寺伝では、聖武天皇の勅願によって行基がこのお寺を開いたとされる。当初は「大日山福生院密厳寺《みつごんじ》」と称していた。ご本尊は行基が薬師如来像を刻み、安置したと伝えられる。

その後、空海がこのお寺で修行中に、御母堂の玉依《たまい》御前が讃岐の善通寺から来訪されることになった。ところが当時、このお寺は女人禁制であった。そこで、空海は山門近くの滝に打たれて女人解禁の祈願をされ、御母堂を迎え入れたという。

大きな草鞋が奉納されている山門

御母堂は髪を剃って出家され、その髪を奉納された。それにちなんで空海は山号寺名を「母養山恩山寺」と改め、自らの像を刻み大師堂に安置された。

このお寺も天正の兵火によって焼失し、荒れたままであったが、江戸時代になり、阿波藩主・蜂須賀公の庇護を受けて復興。現在ある本堂や大師堂は、文化・文政年間（一八〇四〜一八三〇年）に建立されたものである。

本堂にお参りし、中を拝観させてもらった。ご本尊の薬師如来像は秘仏で、前立仏《まえだちぶつ》が平成二十六（二〇一四）年に御開帳されたという。

先ほど上った石段を下り、大師堂にお参りする。大師像は空海が自ら刻んだものとされている。その脇仏として、小さな真言八祖像が並んでいる。

大師堂に寄り添うようにして、玉依御前の剃髪所、御母公堂がある。中には玉依御前像が祀られている。ご母堂はここで剃髪され、その髪の毛が納められており「たらちねの母こそしのぐ恩山寺　大師の利生《りしょう》あらたなり」というご詠歌が掲げられているという。

その他の見どころとして、大師堂の近くに地蔵堂がある。向かって左側には釈迦の十大弟子たちの像が、右側には地蔵菩薩坐像と千体地蔵立像が、鎮座している。

またこのお寺にはよく知られたお守りがある。摺袈裟《すりげさ》というお札で、「亡くなったときに棺桶に入れると極楽往生する。亡くなった人の仏壇に供えるとまだ極楽往生に間に合う。

大師堂と御母公堂（右）

生きている人が持っていると悪いことが良いことに変わる」といわれており、このお寺にしかない。納経所で購入できる。

最後にご朱印を頂いたときには、九時三十分になっていた。石段を下りたところで本堂に向かって一礼する。

恩山寺の駐車場の掃除をしていた人に第十九番立江寺《たつえじ》への道を尋ねると、「この道を下りると、牛小屋があり、犬が吠えるかもしれませんが怖がることはありません。そのまま牛小屋の真ん中を通り抜けると、遍路道があります」と教えてくれた。

第十九番札所　立江寺《たつえじ》

不義密通をしたお京の髪が残る◆橋池《きょうち》山《ざん》摩尼院《まにいん》◆二〇一七年十二月七日

恩山寺から立江寺までは四キロ、一時間十分の予定で歩き始める。言われた通り、犬に吠えられた。この道で間違いはないようだ。しかし、竹藪に囲まれていて、雑木が伐採されたまま放置され、道に覆いかぶさっている。かきわけるようにして歩くうちに、金網にさえぎられ進めなくなってしまった。金網の向こう側には遍路道らしいのが見える。この金網を通り抜けなければと辺りを見回すと、ちょうど人が一人通れそうな破れ目を見つけた。なんとかくぐり抜けると、ミカン畑に沿った道があった。

そこからは広々と眺望が開け、小松島の海まで見渡せる。高速道路やJR牟岐《むぎ》線などが見えて気持ちのよい遍路道になる。小さな谷あいまで来ると、竹藪の中に「釈迦庵」の仏足石があった。ここに書かれた銘文によると、奈良薬師寺の仏足石を写したもので、江戸初期に作られたらしい。周りには雑草が生い茂り、あまり訪れる人もいないようだ。

遍路道は、片側一車線の道路に出る。通勤時間と重なったためか、かなりの数の車が、スピードを出して走っている。見通しの悪い曲がり角では、ひやりとさせられることもあった。注意しながら歩いていると、小さな広場を見かけた。「お京塚」と書かれた石塔が立ち、後ろに三角屋根の休憩所があったので一休み。

一息入れたおかげで元気を取り戻し、また歩き始めた。しばらくすると、立江川にかかる赤い橋が見えた。行基が「白鷺がとまっていたら、橋を渡ってはならない」という啓示を受けた白鷺橋だ。「不届き者がこの橋を渡ろうとすると白鷺が舞い降りてくる。その鳥を見た者は四国巡拝をする資格がないうえに罰せられる。身を清めて出直さなければならない」という言い伝えがある。

赤い欄干が目を引く白鷺橋

入母屋造楼門の山門

赤ちゃんを抱いた子授地蔵尊

白鷺橋を渡ると、古い町並みの中に立江寺はあった。

山門を入るとすぐ左に、赤子を抱いた子授地蔵尊がある。行基が光明皇后の安産を祈願して、このお寺を開基したことにちなんで安置された。この地蔵は「子安の地蔵尊」とか「立江の地蔵さん」と呼ばれて、人々に親しまれている。

このお寺は、高野山真言宗の別格本山と位置付けられている。「お大師様の審判を受け、邪悪なものは先に進めない」とされる関所寺の一つである。関所寺は四国に一ヵ所ずつ設置されている。「土佐の神峯寺《こうのみねじ》」「伊予の横峰寺《よこみねじ》」「讃岐の雲辺寺《うんぺんじ》」と、この「阿波の立江寺」で、立江寺は「四国の総関所」であり、最初の関所寺としても知られている。

寺伝によると、聖武天皇の勅願により、行基が建立したとされる。行基は五・五センチほどの黄金の「子安地蔵」を刻み、これを「延命地蔵菩薩」と名付けご本尊とした。

その後空海がこのお寺を訪れたとき、あまりにも小さなご本尊なので失われる恐れがあると気遣い、自ら一刀三礼しながら一・九メートルの延命地蔵像を刻んだ。行基が作ったご本尊はその胎内に納められ、お寺の名前も「立江寺」と改められた。当時のお寺は現在地より四百メートルほど西にあったと伝えられている。

このお寺も長曾我部元親に焼き払われ、昭和四十九（一九七四）年にも火災に遭う。ご本尊は二度の火災に耐えて無事で、昭和五十二（一九七七）年に本堂は再建された。

納経所に向かう参道の左に本堂、右に大師堂がある。まずは本堂にお参りする。天井の色鮮やかな二百八十六枚の花鳥風月画は、再建されたときに東京芸術大学の教授などの手によって描かれたもの。昭和の日本画を代表するものとして、高く評価されている。

参拝場所の片隅に息災延命を叶えてくれる、賓頭盧尊者《びんずるそんじゃ》像や寿老人像が置かれている。本堂に向かって左の棟続きに如意輪観音を祀る観音堂がある。

次いで大師堂にお参りする。毎年、元日から十日間、黒衣大師像を拝顔できる。黒いお姿の大師像は珍しく、「厄除け大師」ともいう。人々の厄を受け止めてお姿が黒くなったといわれている。残念ながら今回は拝観できなかった。

参道の中ほどの本堂の正面に修行大師像がある。その足元で先祖供養の「経木流し」ができる。大師堂の手前に大正七（一九一八）年に造られた多宝塔がある。上層の屋根は銅板葺き、下の層は本瓦葺きになっていて、塔の中には五智如来像が安置されている。

仁王門の近くには、毘沙門天が祀られている小さな毘沙門堂がある。そこには阿波七福神も祀られていた。さらにこのお寺の見どころとして「肉付き鐘の緒の黒髪堂」がある。このお堂にはこんな伝説がある。

お京という女が、夫がいながら鍛冶屋長蔵という男と密通し、示し合わせて夫を殺害した。二人は故郷を逃れ、讃岐（現・香川県）まできて、心中しようとしたが果たせず、四

本堂の天井絵

国巡礼の旅に出て罪の償いをしようとした。立江寺を訪れ、ご本尊の地蔵尊にお参りをすると、お京の黒髪が逆立ち、鐘の緒にからみついてしまった。住職に問いただされ、お京は夫殺しの罪を告白した。すると不思議なことにお京の黒髪は頭皮とともにはぎ取られ、命拾いをした。二人は改めて罪を悔いて出家した。その場所が先ほどの「お京塚」があった田中山だ。そこに庵を結び、地蔵尊を念じて生涯を終えた、と伝えられている。

はぎ取られた「お京の黒髪付きの鐘の緒」は黒髪堂に納められている。このお寺が関所寺とされたのは、このお京の伝説も関与しているといわれている。

第二十番札所　鶴林寺《かくりんじ》

二羽の白鶴が守った地蔵菩薩◆霊鷲山《りょうじゅざん》
宝珠院《ほうじゅいん》◆二〇一七年十二月七日

立江寺から鶴林寺まで十三・四キロ。四国霊場の難所は「一に焼山（第十二番焼山寺）、二に鶴（鶴林寺）、三に太龍（第二十一番太龍寺）」といわれ、鶴林寺は焼山寺に次ぐ遍路泣かせの難所であり、五時間近くはかかる。疲れて弱気になり、十キロ離れた勝浦町役場辺りまでタクシーを利用し、その先の二・九キロほどの遍路道を歩くことにした。ところが立江寺の山門の前からタクシーに乗り、運転手さんと話をしているうちに、山間の道を車で走った方が近道とわかり、予定を変更して鶴林寺の駐車場まで車で行くことにした。焼山寺への遍路道を歩いた疲れがまだ残っていて、山道を歩く気力が失せている。

曲がりくねった山道を走り、鶴林寺の手前にある駐車場に着いたのは十一時である。すぐ近くに、杉や檜に囲まれた、古めかしい木造の仁王門が見えた。金色の文字で「霊鷲山」と書かれた額がある。手前に「四国第二十番霊場」「別格本山鶴林寺」と刻まれた二つの石柱がある。山門は運慶作とされる仁王様がにらんでいる。

杉木立を抜けると仁王門

六角地蔵堂

左端が丁石。南北朝時代のもので徳島最古

手水鉢で手と口を清め本堂に向かう。石段の上り口の右端には三つの石碑があるが、左端が「丁石《ちょういし》」で、一丁（約百九メートル）間隔で設けられている。このお寺には、十一基見られる。石段の右手には、忠霊堂がある。昭和二十三（一九四八）年に建てられたもので、戦没者の霊を慰めるものなのだろう。左手には護摩堂と大師堂がある。

まずは石段を上り、本堂にお参りする。屋根を支える棟木には細かな細工が施され、華麗な本堂である。その本堂を守るように、一対の鶴が向かい合って鎮座している。本堂の背後の「御本尊降臨之杉」は、空高く青々した枝を伸ばしていた。

寺伝によると、このお寺は延暦十七（七九八）年に、桓武天皇の勅願によって空海が開

本堂を守る鶴

設したとされる。空海がこの山で修行をしていると、雄雌の二羽の白鶴が老杉の梢に舞い下りた。よく見ると小さな黄金のお地蔵さんを守っている。それを見て感動した空海は、近くにあった霊木で地蔵菩薩像を刻み、その胎内に鶴が守る地蔵像を納めてご本尊とした。そして、寺を鶴林寺と名付けられた。

ご本尊にまつわる伝説はもう一つある。昔、猟師が猪を追って山に入り、矢を放ったところ、地蔵菩薩の胸に刺さって血が流れた。猟師は殺生を悔やみ、仏門に入った。この逸話から「矢負いの地蔵」といわれるようになり、ご本尊にはその傷が残っているという。ご本尊の地蔵菩薩は、国の重要文化財に指定されている。

大正初期に建てられた大師堂

青空にそびえる美しい三重塔

郵 便 は が き

料金受取人払郵便

新宿局承認

2524

差出有効期間
2025年3月
31日まで
（切手不要）

1 6 0-8 7 9 1

1 4 1

東京都新宿区新宿1－10－1

（株）文芸社

愛読者カード係 行

お名前《ふりがな》			明治 大正 昭和 平成 年生 歳	
ご住所《ふりがな》	□□□-□□□□			性別 男・女
お電話番号	（書籍ご注文の際に必要です）	ご職業		
E-mail				

ご購読雑誌（複数可）	ご購読新聞 新聞

最近読んでおもしろかった本や今後、とりあげてほしいテーマをお教えください。

ご自分の研究成果や経験、お考え等を出版してみたいというお気持ちはありますか。

ある　　ない　　内容・テーマ（　　　　　　　　　　　　）

現在完成した作品をお持ちですか。

ある　　ない　　ジャンル・原稿量（　　　　　　　　　　　　）

書　名			
お買上 書　店	都道　市区 府県　郡	書店名	書店
		ご購入日	年　月　日

本書をどこでお知りになりましたか?
　1.書店店頭　2.知人にすすめられて　3.インターネット(サイト名　)
　4.DMハガキ　5.広告、記事を見て(新聞、雑誌名　)

上の質問に関連して、ご購入の決め手となったのは?
　1.タイトル　2.著者　3.内容　4.カバーデザイン　5.帯
　その他ご自由にお書きください。
(　)

本書についてのご意見、ご感想をお聞かせください。
①内容について

②カバー、タイトル、帯について

弊社Webサイトからもご意見、ご感想をお寄せいただけます。

ご協力ありがとうございました。
※お寄せいただいたご意見、ご感想は新聞広告等で匿名にて使わせていただくことがあります。
※お客様の個人情報は、小社からの連絡のみに使用します。社外に提供することは一切ありません。

■書籍のご注文は、お近くの書店または、ブックサービス(0120-29-9625)、セブンネットショッピング(http://7net.omni7.jp/)にお申し込み下さい。

鶴林寺は歴代の天皇の信仰を集め、源頼朝や蜂須賀家政などの武将からも敬われ、七堂伽藍の修築や寄進などを受けて栄えた。標高五百五十メートルの山頂付近にあったため、長曾我部元親による天正の兵火も免れた。以来人々から「お鶴さん」「お鶴」などと親しまれ、山鳥などが飛び交う大自然の中で悠然と歴史を刻んできたのである。

本堂から石段を少し下りると、右手に大師堂がある。大正二（一九一三）年に建てられたもので、本堂と同じように梁などに見事な彫刻が施されている。

その他、このお寺の見どころとして、江戸時代の文政六（一八二三）年に建てられた高さ二十三メートルの美しい三重塔がある。本堂の裏の杉の大木に囲まれ、澄みきった青空にそびえ立っている。各層に和様、唐様など、さまざまな手法が用いられている。中には五智如来が安置されている。屋根は銅板葺きで軒先は鋭角に反り、初層の四隅で邪鬼が軒を支えている。

納経所の前には、二十年前に宿泊させてもらった宿坊があったが、道路が整備されて泊まる人が少なくなり、現在は使用されていないという。前に泊まったときは、白衣の傷痍軍人の姿をした人がいたことを思い出した。納経所でご朱印を頂き、お寺を後にした。

タクシーを利用したお参りだったので少し悔いが残ったが、お寺の雰囲気は十分に堪能できた。以前とは違う感動を噛みしめながら、次の第二十一番太龍寺へ向かう。

第二十一番札所　太龍寺《たいりゅうじ》

空海が過酷な修行をした山上の寺◆舎心《しゃしん》山《ざん》常住院《じょうじゅういん》◆二〇一七年十二月七日

鶴林寺に続いて、太龍寺も四国霊場三大難所の一つである。鶴林寺から太龍寺まで六・七キロ。三時間ほどの行程だ。鶴林寺からタクシーを利用した。運転手が、新しくできた広い道を歩けば太龍寺ロープウェイまでは近いと教えてくれたので、新しい道を歩く。開通したばかりの県道は車を全く見かけないので、気ままに歩けた。暖かい陽射しを浴びながら同行二人《どうぎょうににん》（弘法大師とともに）の孤独な歩みを楽しむ。だが、単調な道を歩き続けているうちに疲れが出始める。開通記念と書かれた石碑の前で一休みして、宿が作ってくれたおにぎりで昼食。あまり食欲がわかず、おにぎり一個が食べきれない。

少し元気を取り戻して歩き始めたが、少し進んだだけで、遍路道の案内標識のあるところでまた腰を下ろす。寝転んで空を見上げていると、通りがかった歩き遍路の人に「だいじょうぶですか」と声をかけられた。以前は元気に歩けたのに情けない。落ち込むが、歩き続けるしかない。思い直して四・六キロほど歩くと、ようやく那賀川沿いの県道19号線の交差点にたどり着いた。

　ここまで、もし遍路道を歩いたとすれば二・五キロ、しかも下り道だ。県道を選択したため、ほぼ二倍の距離を歩いたことになる。普段なら考えられない判断ミスである。楽をしようとした報いなのか、八十一歳の高齢者には無理な遍路旅だったのか。日差しが強くなり、冬とは思えないほどだ。バス停は見当たらず、まだ六・六キロも県道を歩かなければならない。泣きたくなるほど単調な道を歩き続けているうちに、通りがかった人から車の接待を受けた。おかげで太龍寺の待合室に着いたときには十四時半だった。ロープウェイは全長二千七百七十五メートル、西日本一という。百一人乗りのゴンドラに、乗客は私だけ。ガイドさんには申し訳なかったが、眼

すばらしい眺望

下に広がる景色はすばらしかった。

山頂駅に降りるとすぐ前に石段があり、本堂が正面に見える。だが、仁王門からお参りを始めようと少し引き返し、石段の手前から右の道を下る。しばらく歩くと左手に石段があり、その先に仁王門があった。木造で江戸時代に建てられたものだ。屋根は銅板、両脇に仁王像が安置されていた。仁王像は鎌倉時代の作とされ、徳島県内で最大にして最古といわれている。

山門に向かって頭を下げ、長い参道を歩き始める。右側に六角堂、護摩堂、持仏堂、本坊がある。本坊の中に納経所があり、ご朱印を頂き、写真撮影の許可を得る。持仏堂の大廊下の天井には、高知県安芸市出身の日本画家・竹村松嶺の手による龍の天井絵がある。

石段を上っていくと、明治時代に造られた鐘楼門があった。梵鐘を吊る上層部は堅固な板壁で、正面には花頭窓《かとうまど》といわれる扉があり、開くようになっている。

太龍寺は標高六百十八メートルの高地にあり、樹齢数百年の杉木立の中に建つ。その歴史に触れてみよう。

空海が十九歳のときに大学の学問に見切りをつけて、現在の境内から六百メートルほど離れた「捨心嶽」という岩の上で、百日間の「虚空蔵求聞持法《こくうぞうぐもんじほう》」という修行をされた。これは真言を百万遍も唱える最も難行とされる修行で、若き空海の思想形成に大きな影響を

ロープウェイの山頂駅の前の石段

与えたとされている。「舎心山」という山号は捨心嶽より、「太龍寺」という寺号は修行中の空海の身を守り続けた大龍（龍神）にちなんでいるとされる。

延暦十二（七九三）年に桓武天皇の勅願によって、阿波の国主・藤原文山が伽藍を建立。堂塔が建てられると、空海が虚空蔵菩薩像などの仏像を刻み、安置された。

皇室や武家の信仰が篤く、平安時代の後期にはこのお寺に属する寺院が十二ヵ寺もあるほど栄えた。だが長曾我部元親の天正の兵火によって焼失。その後復興と荒廃を繰り返し、寂れた時代もあったが、平成四（一九九二）年にロープウェイの運行が開始され、お参りが容易になり、隆盛を取り戻した。

御廟の橋を渡って大師堂へ

本堂へ向かう。阿波藩主・蜂須賀公の命により嘉永五（一八五二）年に再建されたものである。ご本尊は毎年一月十二日の法要のときに拝観できる。

続いて大師堂にお参りする。高野山の御《ご》廟橋《びょうばし》を思わせる小さな「御廟の橋」を渡ると、奥まった正面に大師堂がある。この石橋と大師堂、御廟の位置が高野山奥の院と同じなので「西の高野」ともいわれている。大師堂は拝殿と奥殿から成り、奥殿には弘法大師像が安置されている。拝殿には大師の弟子十人が壁に描かれている。拝殿の彫刻は、四国八十八ヵ所の中でも最も繊細な描写といわれ、中国の神話や民話が描かれている。お堂の中は拝観できなかったが、御開帳は毎年三月二十一日である。

岸壁の上に座す若き日の空海

大師堂の近くに御影堂がある。「御廟」ともいわれる。また、本堂の北側に木造の多宝塔がある。下層部分は三間四方の正方形、上層は円い形をしている。屋根は銅板葺き。内部には虚空蔵菩薩が安置されている。大師堂を少し下ったところに中興堂がある。素朴な木造のお堂で、このお寺の中興の祖と仰がれる、長範僧正と亮山僧正が祀られている。

再びロープウェイの山頂駅の近くまで帰り、若き空海が修行したといわれる捨心嶽へ向かう。八十八の石仏に黙礼をしながら十五分ほど歩くと、岩壁の上の空海の坐像を背後から見られる場所に着いた。ブロンズ像の空海のお顔には、十九歳の若い都の僧といった気品が漂っている。空海はこの険しい地で、身を捨てて過酷な修行に励んだのだろう。

第二十二番札所　平等寺《びょうどうじ》

万病に効く霊水が湧き出る◆白水山《はくすいざん》　医王院《いおういん》◆二〇一七年十二月八日

作夜は太龍寺ロープウェイの麓にある道の宿「そわか」で過ごした。大浴場でのびのび手足を伸ばしたおかげで、少し疲れが癒えた。今朝、食堂で朝食を共にしたのは三名だけ。これまでの疲れを考慮し、バスで次の二十二番平等寺まで行くことにした。

田んぼを横切り、広い県道に出ると「ロープウェイ入口」と書かれたバス停はすぐわかった。はや十時近くだ。「乗り遅れたのでは」と思っていると、須賀町役場の方からバスが来るのが見えた。やれやれ。知らない土地は何かと心細い。バスの乗客は私だけだ。「この近くに遍路道があり、そこから歩く人もいる」と運転手に教えてもらい、阿瀬比のバス停で降りる。すぐ前のガソリンスタンドで店番をしていた女性に道を聞くと、「あそこから遍路道になっています」と、向こう側の遍路道標識を教えてくれた。地図を調べてみると、標高二百メートルの大根峠を越える遍路道で、平等寺までは四・六キロほどの山道である。

山裾沿いの田んぼ脇の道を歩く。やがて緩い山道に入る。遍路道はきれいに整備されていて、木枠が階段状に並べられている。少し息が切れ始めた頃、小さな堀切の峠にかかる。「大根峠」と書かれた標識があり、標高二百メートル。そこからは下り道である。道端に遍路小屋を見かけた。木片を積み重ねたような建物だ。そこで一休み。

桑野川沿いの田んぼの道を歩き、食料品工場の近くを通り過ぎると、左手に平等寺の屋根が見えた。道路に面して右側に「四国第二十二番霊場」、左側に「白水山医王院平等寺」と刻まれた二つの石柱が立ち、石段を上ったところに山門がある。入母屋造りの楼門で左右に真っ赤に彩色が施された金剛力士が安置されている。堂々とした建物である。

五色の幕がはためく山門

お寺に着くと、いつも撮影の許可を得るのだが、平等寺では「何でも撮ってください。カメラの撮影程度で汚れるような柔な造りではないです」と言う。さすがに「人々の心と身体の病を平等に癒し去る」と誓って、空海が建立したお寺だけのことはある。山門に向かって一礼し、くぐり抜けると左側に鐘楼があり、その先に大師堂があった。

まずは正面に見える本堂にお参りすることにした。「厄除け坂」といわれる四十二段の男坂を上る。左の山沿いには緩い勾配の三十三段の女坂もあるが、今回は男坂を行く。

ご本尊は薬師瑠璃光王如来で、通常は薬師如来像といわれる。かつては秘仏であったが、現在はいつでも拝顔できるようになった。このご本尊は空海が造ったものを模して造られた二代目だが、手に持っておられる青銅製の薬壺は初代のものである。

ご本尊は脇侍の日光菩薩や月光菩薩、十二神将に守られている。日光・月光菩薩は太陽と月を表し、日夜、薬師如来の救済活動を助けている。その右側には不動明王と倶利伽羅龍王が控えている。

ご本尊の薬師如来は、右手に「結縁《けちえん》の綱」と呼ばれる五色布と麻綱を握られている。山門前に十三段、山門から五段、本堂まで五十三段の石段があり、参拝者にとってはかなりの苦行である。布テープの結縁の綱はご本尊から境内を通り、山門までつながっているので、石段を上れない人でも山門の前でその綱に触れるだけで、お参りをしたのと同じ功徳

山門まで伸びる結縁の綱

があるといわれている。

　本堂の天井には四国八十八ヵ所のご本尊とたくさんの草花が描かれている。長い年月を経ているが、いまだに鮮やかな色彩を保っている。

　その他、片隅に古い下駄箱といった感じの箱車が三台置かれている。大正・昭和の時代に医者に見放された足の不自由な人が四国参りを思い立ち、このお寺に立ち寄ったところ、ご本尊の霊験によって足が治った。その記念にと乗っていた箱車を奉納したとされる。そのため、このお寺は健脚に霊験あらたかといい。


　寺伝によると空海がこの地で修行をしていると、目の前に五色の雲が沸き上がり、その中に現れた黄金の梵字がしだいに姿を変えて薬師如来になった。感激した空海が加持祈祷をすると光輝く薬師如来が現れた。空海が加持水を求めて杖で井戸を掘ると、そこから乳白色の水があふれ出た。「弘法の霊水」といわれるその霊水で身を清め、百日間の修行を経て、薬師如来坐像を一刀三礼して木に刻まれ、ご本尊として安置された。人々が平等に救済されるようにという願いを込め、山号を白水山、寺号を平等寺と定められたという。

この寺も幾度か戦火に見舞われ荒廃したが、享保七（一七二二）年に再興された。

大師堂にお参りし、大師像を拝顔する。脇陣は空海の十大弟子像である。その他、本堂のすぐ近くに護摩堂がある。不動明王が祀られ、脇仏は聖徳太子と毘沙門天である。

大師堂

厄除けの男坂の上り口の左側に、空海が杖で掘られた井戸がある。「鏡の井戸」とか「弘法の霊水」、「白水の井戸」などと呼ばれ、現在でもこんこんと水が湧き出ている。かつては乳白色だったが今は無色透明で、万病に効く霊水として広く知られている。祭壇に置かれている、二百円で購入できる容器に入れて、持ち帰ることもできる。

納経所に寄りご朱印を頂き、JR牟岐線新野《あらたの》駅への道順を教えてもらう。第二十三番薬王寺《やくおうじ》までは、コースによって異なるものの約二十一キロ。今の私には歩き通す体力はない。山門に一礼して、薬王寺への遍路道とは反対方向にあるJR新野駅へと向かう。

空海が杖で掘った井戸

第二十三番札所　薬王寺《やくおうじ》

厄除けのお寺として知られる◆医王山《いおうざん》無量寿院《むりょうじゅいん》◆二〇一七年十二月八日

「発心の道場」といわれる阿波の国最後のお寺、薬王寺までは平坦な道だが、歩くと六時間あまりかかる。前回は平等寺から十二キロほど歩き、海辺の民宿に夕方十六時頃に着いて一泊。翌朝、四時半から歩き始めて、十二時半には薬王寺に到着できた。だが今回は到底歩けそうにない。ＪＲ牟岐線を利用して、薬王寺の近くの日和佐駅まで行くことにした。

平等寺の仁王門の前の道を左に曲がり、川沿いの道を歩く。大きな橋を渡り、さらに歩いていると新野高校や民家の並ぶ先に、ＪＲの踏切が見えてきた。その手前を右に曲がると、ＪＲ新野駅に着く。その間一・五キロほど。歩いて三十分ぐらいの距離だった。

無人駅で待合室に人影はない。改札口の横に、真新しい金剛杖が置かれていた。忘れられたのか、荷物になるので捨てられたのか。置いてけぼりにされた金剛杖が寂しげだ。

十三時五十五分発の列車がプラットホームに到着。一両編成で、車内は空いていた。列車は山間を走り、やがて長いトンネルに入る。抜けると室戸阿南海岸国定公園のリアス式海岸が、眼前に広がる。海に突き出た半島、湾曲した白い砂浜、きらめく青い海、少し紅葉した山並み……。車窓を流れる景色に目を奪われているうちに、三十分ほどでJR日和佐駅に着いた。夕日で赤く染まった瑜祇塔《ゆぎとう》が見える。駅舎のすぐ裏には道の駅「日和佐」があり、にぎわっている。広い道路を挟んだ向かい側に薬王寺はある。前回は歩くことに気を取られ、周りの景色を楽しむ余裕がなかったが、今回は気持ちにゆとりがある。乗り物を利用する遍路旅も悪くないと思った。

　交通量の多い国道55号線を、車に気を配りながら横断。薬王寺の境内に入る。小さな「厄除け橋」を渡ると、すぐに目の前に仁王門がある。

仁王門。右上の高台に朱色の瑜祇塔が見える

まずは写真撮影の許可を得るため納経所へ。ところが、納経帳などを入れた頭陀袋が見当たらない。どうやら平等寺の本堂のベンチに置き忘れたようだ。あわてて日和佐駅まで引き返し、リュックを案内所に置かせてもらい、列車で平等寺に戻ることにした。

新野駅のプラットホームに降りると、ベンチに先達らしい遍路姿の人が一人座っていた。立派な金剛杖や服装に気後れしたが、そこは年を重ねた強みで声をかけてみた。するとその人は佐賀県から来ていて、真夏を除いて毎年数回はお参りにきているという。バスやJRを利用してお寺巡りをし、納経帳に三回ご朱印を頂くと、知人たちに分け与えていると話してくれた。そして、バスやJRの時刻表のコピーを見せてくれた。私も八十一歳という年齢では、歩き通すのは無理と思い知らされただけに大いに参考になった。

駅前からタクシーに乗り平等寺に引き返すと、予想通り頭陀袋は本堂のベンチの上にあった。納経帳が無事戻り、ほっと胸をなでおろす。日和佐駅まで引き返したときには十七時を過ぎていた。案内所は閉まっていたが少し扉が開いていたので、預かってもらったリュックを引き出す。お寺も閉まっており、とりあえず予約したホテルへ。

翌朝八時にホテルを出発。薬王寺の近くのコンビニで軽い朝食をすませる。納経所でご朱印を頂き、写真撮影の許可を得る。

改めて昨日見た真新しい単層の仁王門に向かう。入母屋造りの本瓦、三間一戸八脚門で

厄除け坂

ある。天保六（一八三五）年に大工の槌谷悦蔵が建てたものだが、平成二十四（二〇一二）年に改修されたので新しい。仁王門の左側に「不許酒肉五辛入界内」と書かれた石碑がある。「修行の妨げになる酒や肉、にんにくやニラなど五つの臭いの強いものはお寺に持ち込むな」という警告である。仁王像も仁王門と同時に改修されたのでまだ新しい。

　山門を入ると左に石段がある。これから厄除け坂が始まる。まずは三十三段の女厄坂である。以前訪れたときは、石段には厄除け祈願の一円玉の賽銭が、足の置き場もないほど置かれていたが、師走だからか、今回は見かけない。それぞれの石段の下には「薬師本願経」の経文が書かれた小石が埋められていて、石段を上ると願いが叶うという。

厄除けの随求の鐘

本堂

女厄坂の途中に「随求《ずいぐ》の鐘」といわれる鐘楼がある。真言を唱えながら自分の年の数だけ鐘をたたき、厄災消除を願うもの。だが、八十一回も打つのは遠慮した。隣接して「随求塔」がある。高さ一丈六尺、台座の石の幅は八尺（約二百四十二センチ）。四方に玉垣が巡らされ、敷石が敷き詰められている。塔の中には大隋求《だいずいぐ》菩薩と、銀製の寶瓶に仏舎利が数粒入れられて安置されている。

女厄坂を上りきると、絵馬堂がある。邪鬼が支える香炉と臼が置かれている。臼の中の香を年の数だけ薬師如来の真言を唱えながら杵でつくと、無病息災が約束されるという。

寺伝によると、このお寺は聖武天皇の勅願によって、行基が開いたとされる。空海が四十二歳のとき、一般民衆とともに厄除けを願って厄除薬師如来坐像を刻み、本堂のご本尊とされた。このことから厄除けの根本祈願寺ともなった。文治四（一一八八）年に火災に遭ったとき、ご本尊の厄除薬師如来は光を放ちながら自ら本堂から飛び去り、奥の院・玉厨子山に避難した。その後、嵯峨天皇が伽藍を再建し、新しい薬師如来像を開眼供養すると、避難していたご本尊が再び光を放ち、後ろ向きに厨子に入られ、自ら扉を閉じた。それ以降「後ろ向き薬師」として秘仏とされた。

つまり、本堂に二体のご本尊が納められている。後ろ向き薬師が入られた厨子は本堂の背後にあり、裏堂といわれる。本堂の表と裏の双方からお参りできるようになっている。

本堂と大師堂の間に賓頭盧尊者《びんずるそんじゃ》が置かれている。「おびんずるさん」と呼ばれて親しまれている仏で、自分の体の悪い部分と同じ場所をなでると病気が治るという。その左側には七福神の一人、寿老人《じゅろうじん》が鎮座している。厄除けや無病息災、長寿にご利益がある。

本堂の左側に大師堂がある。文政三（一八二〇）年に建立。宝形造本瓦葺きの建物である。天文十九（一五五〇）年に造られた弘法大師坐像を中心に、龍猛、龍智、金剛智など、各二尺の真言八祖坐像が祀られている。両脇には三尺の持国天、毘沙門天の立像がある。

手前には入母屋造りで本瓦葺きの地蔵堂がある。中には地蔵菩薩半迦坐像、聖観音立像、弥勒菩薩、不動明王立像が祀られる。本堂の裏に肺大師がある。肺病や万病に効く霊水が出る。この水には微量のラジウム元素が含まれていて、肺がんの治療にも使用できるらしい。

再び本堂へと引き返し、瑜祇塔に向かう。本堂右奥の六十一段の石段を上る。仁王門から始まる三つ目の厄坂で、還暦厄坂といわれる。石段を上り切ったところに、瑜祇塔がある。美しい極彩色の朱色の塔である。昭和三十八（一九六三）年建立。遠くからも見えて、このお寺のシンボル的存在だ。高さ二十九メートルの楼閣で、亀が柱を支えている。地階は戒壇廻りができ、薬師三尊が祀られている。一階は五智如来が祀られ、展示室にもなっている。二階は展望台である。残念ながら扉が閉ざされ、今回は拝観できなかった。

第一回目の「区切り打ち」遍路はここで無事終えたのである。

華やかな朱色の瑜祇塔

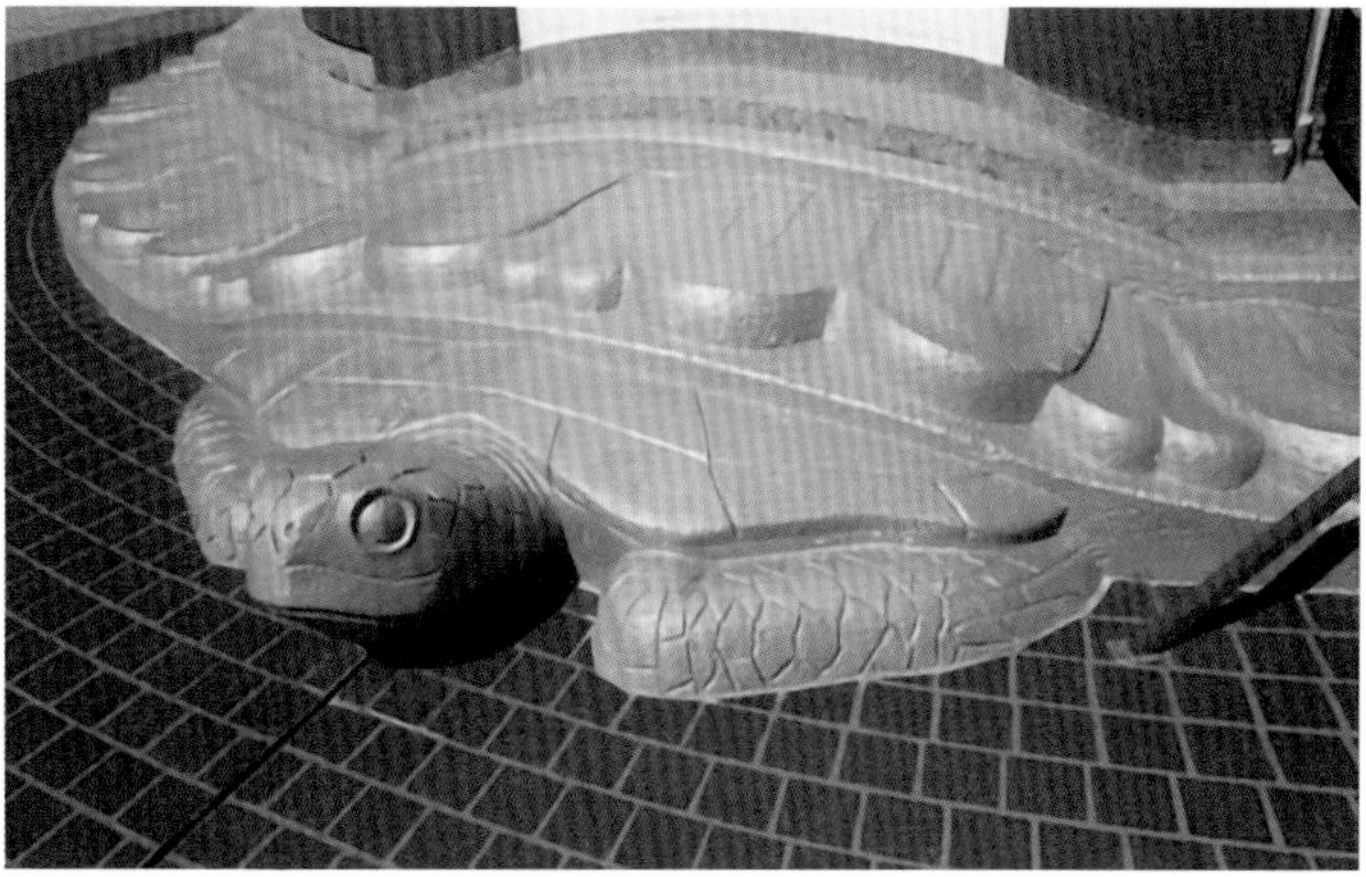

瑜祇塔を支える亀

第十七番札所　井戸寺《いどじ》

面影の井戸で無病息災を確かめる◆瑠璃《るり》山《ざん》 真福院《しんぷくいん》◆二〇一八年三月二十八日

年が明けて暖かくなってきたので、昨年十二月の「区切り打ち」でお参りできなかったお寺を巡る計画を立てた。阿波の国の第十二番焼山寺、第十六番観音寺、第十七番井戸寺のほか、土佐の国の霊場にも足を延ばす予定だ。荷物を三キロ減らし、距離も短くし、三泊四日の行程にした。三月二十八日、九時二十一分松山発のＪＲで徳島に向かう。

徳島駅に十三時四分到着。まずは十七番井戸寺へ。バス乗り場のベンチに年配の外国人カップルが座っていた、女性が笑顔を向けてくれたので、英語で話しかける。すると「これから観音寺にお参りします」と日本語が返ってきた。女性は日本人、男性はカナダ人だ。

十四時前に「井戸寺口前」に到着。民家は少なく畑が一面に広がり、静かな雰囲気である。道を渡り、車に気を配りながら二百メートルほど歩くと、八幡神社という大きな神社があった。軽く頭を下げ、標識に従って道を右に曲がる。この辺りまで来ると民家も多くなり、その先に井戸寺らしい寺院の屋根が見えた。

正面の山門は朱塗りで、武家造りの大きな門といった感じである。徳島藩主・蜂須賀家の大谷別邸を移築したものだという。間口が広く左右に仁王様がいる。一礼して門を通る。山門の裏側を見ると、左右に大きな草鞋が奉納されていた。四国霊場最大のものという。

正面の奥に本堂がある。鉄筋コンクリート造りで、中央に薬師如来像が安置され、両脇に三体ずつの薬師如来が安置されている。この珍しい七仏《しちぶつ》薬師如来は拝顔できる。

この本堂は昭和四十三（一九六八）年に火災によって焼失し、三年後に再建された。中央のご本尊、薬師瑠璃光如来像のみ無事だった。立派な屋根瓦の中央には、巨大な避雷針が立っている。落雷などによる火災からお堂を守ろうとする意気込みを感じる。

堂々とした間口の広い門

寺伝によると、このお寺は六七三年に天武天皇の勅願道場として、阿波の国司の館の隣に建てられた。当時は「妙照寺《みょうしょうじ》」と称していた。七堂伽藍の他、末寺として十二坊もあり、隆盛を極めたといわれている。ご本尊の七仏薬師如来は聖徳太子の作と伝えられている。脇仏の日光・月光菩薩像は行基の作とされる。後に空海が当地を訪れ、高さ一・九メートルの十一面観世音菩薩を刻んで安置した。この像は右手に錫杖《しゃくじょう》、左手に蓮華を挿した水瓶をもったお姿で、国の重要文化財に指定されている。

空海がこの村を訪れたとき、村人が水不足や濁り水に悩まされているのを知り、錫杖で井戸を掘られた。すると一夜にしてきれいな水が湧き出した。そのためこの付近を「井戸村」と名付けられた。お寺も「井戸寺」と呼ばれるようになったという。

七仏薬師如来は全国的にも珍しいため、七難即滅、七福即生などといわれ、開運のご利益があるとされる。

このお寺の本堂も、兵火により焼失と再興を繰り返し、大正五（一九一六）年に、正式名称が井戸寺となった。前述のように、失火により昭和時代にも焼失したが再建された。

本堂の手前右側に大師堂があり、大師像を拝顔できた。本堂の左には日限《ひぎり》大師堂がある。この中に、空海が一夜にして掘ったといわれる「面影の井戸」がある。中を覗き込み、自分の姿が映れば無病息災で過ごせるが、映らないときは三年以内に不幸が起こるとされる。

大師堂

今も水は湧き出ており、この霊水を持ち帰ることもできる。

空海がこの井戸に自らの姿を映して刻まれた日限大師像も、中央に祀られている。この日限大師堂に、一週間とか一ヵ月とか、日にちを限って日参すれば願い事が叶うという。

試しに井戸を覗き込んでみると、薄ぼんやりとだが、自分の姿を見ることができた。当分の間は無事に過ごせそうだ。まずは一安心。

その他の見どころとして、十一面観世音菩薩が安置されている大悲殿（護摩堂）がある。毎月二十八日には護摩が焚かれる。

十四時四十分。山門に一礼して、逆打ちになるが第十六番観音寺に向かう。

第十六番札所　観音寺《かんおんじ》

古い町並みに溶け込む◆光耀山《こうようざん》　千手院《せんじゅいん》
◆二〇一八年三月二十八日

井戸寺から観音寺まで二・八キロ。平坦な道なので一時間もあれば着けるだろう。念のために通りがかった遍路姿の若者に道順を聞く。彼は丁寧に教えてくれた。あちこちに「遍路道」の標識もあるという。言われた通りに歩くうちに、以前に歩いた記憶がよみがえる。その記憶を頼りに歩き続けたが、どうも様子がおかしい。

スマートフォンのGPS機能で見ると、やはり間違っている。周りは田んぼが広がり、車も人の姿も見あたらない。仕方なくスマホを頼りに歩き始める。自転車で通りがかった若者にまた道を尋ね、彼が指差した方向に向かって歩くが、行き止まりになる。やむを得ず田んぼのあぜ道沿いに歩いていると、JR徳島線に突き当たる。仕方なく線路を横断。その先も道はなく、下水が流れ込む溝沿いに歩き、ようやく車が一台通れるほどの狭い道路に出た。その後は地図が示す通りに歩いていけた。

短い距離だからと、過去の記憶に頼ったのが失敗だった。やはり「逆打ち」は難しい。

電柱などに貼られた標識は反対側にあるので見過ごし、案内板なども気づかずに通り過ぎてしまったようだ。

　大御和《おおみわ》神社の前を通る。以前歩いたときは境内で昼食をとっていると、神官さんが話しかけてくれたものだ。先ほどより少し道幅は広くなり、遍路宿や民宿の看板を見かけるようになった。小さな商店など、昭和の昔を偲ばせるような民家が建ち並ぶ。その先に寄進された石柱に囲まれるようにして、堂々と立つ山門が見えた。観音寺である。

　この寺は阿波国の中枢であったために、今でも寺の周辺には当時の面影が色濃く残り、風情がある。山門のすぐそばに本堂がある。仁王像はないので山門の前で一礼して、境内に足を踏み入れた。左手の手洗場で、例に

風格のある山門

よって手を清め、口をすすいでお参りを始める。

左手に子供の夜泣きを鎮めてくれる「夜泣き地蔵尊」がある。子供の病気平癒や成長を祈願して、ご利益に与ると、お礼によだれかけを奉納することになっている。

本堂は正面にあり、江戸初期の建築様式が随所に見られるという。極彩色の龍の彫刻が目を引く。お参りをすませ、格子の間からご本尊を拝観させてもらおうとしたが、奥にガラス戸があり、お姿は見えない。

この寺の宝物でもある『観音寺縁起』に寺の歴史が綴られている。観音寺が弘法大師によって再建され、大師自ら等身大の千手観世音菩薩像を刻んでご本尊としたこと、脇侍像には不動明王像、毘沙門天像を刻んだこと、徳島藩主・蜂須賀綱矩が新築や移転に尽力したことなどが記載されている。一方、寺伝によると、このお寺は天平十三（七四一）年に、聖武天皇の命により行基が勅願道場として建立したとされる。空海がこの地を訪れた際に現在の寺名に定めた。その後、兵火で焼失、万治二（一六五九）年、徳島藩主・蜂須賀光隆の支援により宥応法師が再建した。

本堂には炎に包まれた女性の絵馬が飾られている。明治十七（一八八四）年、この寺で女性の遍路が濡れた着物を焚き火で乾かしていたところ、突然火が燃え移り、大やけどをした。この女性は姑を木に縛り付け、火がついた棒で折檻したことを白状する。やけどは

子どもの成長を見守る夜泣き地蔵

弘法大師からの戒めで、彼女は罪を悔いてこの絵馬を奉納したと伝えられている。ただし絵馬を拝観できるのは、特別な日のみである。

山門を入って右手に、小ぶりな大師堂がある。古風な建物が歴史を感じさせる。右隣にある小さなお堂は庚申堂《こうしんどう》。延命長寿のご利益がある青面金剛《しょうめんこんごう》が祀られている。

本堂の前には水子地蔵尊があり、その背後に鳥居のある八幡総社両神社がある。ひっそりした神社で、何が祀られているのかわからなかった。後で調べてみると、かつては三千坪の面積を誇った神社だったという。この他、お釈迦様の足跡を写し取ったといわれる「仏足石」もある。最後に納経所に立ち寄り、ご朱印を頂いてお寺を後にした。

第十二番札所　焼山寺②

杉の巨木が見守る◆摩盧山《まろざん》　正寿院《しょうじゅいん》◆
二〇一八年三月二十九日

井戸寺と観音寺のお参りをすませ、昨夜は徳島市内のシティホテルに宿泊した。

今朝早めにホテルを出て、徳島駅前から七時五分発の徳島バス神山線に乗り込む。終点の神山高校前には八時二十分に着いた。この先は神山町営バスが焼山寺まで運行しているが、日に三便しかないため、ここから歩くことにする。

バスを降りて近くの大きな橋を渡り、川沿いの県道43号線を三・四キロほど歩く。人も車も全く通らない。天候に恵まれ、朝の爽やかな空気を吸いながら歩くのは心地よい。道筋のしだれ桜が満開である。花に見とれてつい足が止まってしまう。

鍋岩の小さな集落には九時三十分頃に着いた。昨年の師走に泊まった「なべいわ荘」を横目で見ながら歩を進める。

近くの広場で何か集会でもあったのか、数人の女性が立ち話をしていた。念のために、その人たちに焼山寺までの道順を確かめる。

二十分ほど歩いていると、後ろから声をかけられた。先ほど見かけた女性たちの一人が軽自動車を止めて、「この先に大きなカーブがあり、近くに焼山寺への標識があるのですぐにわかります」と親切に教えてくれた。

その「大きなカーブ」の意味を取り違えてまっすぐ歩いていくと、舗装されていない道に出た。ちょっと変だと思い、スマホのGPS機能で検索し、道を間違えたことに気づく。すぐに引き返したが、少し時間をロスしてしまった。

先ほど歩いてきた道路沿いに大きな案内標識があった。上りの山道は厳しいが、整備された遍路道である。「阿波遍路道一宮道」として、平成二十八（二〇一六）年に国の史跡として指定された。

満開のしだれ桜

杖杉庵で手を合わせる

曲がりくねった上り道を一キロほど歩くと、車の通る道に出た。すぐ目の前に、大きな杉に守られるようにして建つ杖杉庵《じょうしんあん》が現れる。昨年タクシーの中から手を合わせた素朴な庵だ。四国遍路の元祖ともいわれる衛門三郎がこの地で亡くなり、葬られたのちに建てられたとされる。

杖杉庵から二キロ近く歩き、ようやく焼山寺の参道に出る。小道を上っていくと、目の前にお寺の石段があった。その石段を上ると、修行大師とともに「四国第十二番霊場焼山寺」と書かれた石柱が目に入る。山門は大きな杉に囲まれ、辺りには荘厳な雰囲気が漂う。女性の参拝者が、どんなに幹が太いか、両手を広げて抱きついて見せてくれた。このような巨木が境内の至る所にあり、圧倒される。

杉の巨木に囲まれて立つ山門

この山門の付近だけでも四十本ほどあるという。山門の両脇に立つ仁王様は、気迫のこもった目でにらんでいる。当時の彩色が身体のところどころに残っていて、歴史を感じさせる。一礼して境内に入る。右手に水子地蔵、その先に徳川時代の慶安二（一六四九）年に造られた梵鐘がある。これは徳島県の指定有形文化財となっている。

正面に本堂がある。四回目のお参りをする。梁には見事な唐獅子の彫り物が施されている。本堂では前立本尊を拝顔できた。ご本尊は木造虚空菩薩坐像で、榧《かや》材で刻まれたものである。高さ百十二センチ。神山町指定の有形文化財である。

寺伝では、飛鳥時代の大宝年間（七〇一～七〇四年）に役《えんの》小《お》角《づぬ》が開山し、庵を結んで蔵王権現《ざおうごんげん》を祀ったとされる。この山には、神通力を持ち火を吐く大蛇がいて、村人を襲っていた。空海がこの地を訪れたとき、入山させまいとして、大蛇は山を火の海にした。空海は一心に祈願し、虚空蔵《こくうぞう》菩薩のご加護のもとに大蛇を岩窟に封じ込めた。そして自ら彫られた三面大黒天を岩の上に安置し、村人たちの安楽、五穀豊穣を祈られ、虚空蔵菩薩を刻んでご本尊とされた。山は焼けたので「焼山寺」と名付けられたという。

本堂の右に平成二十（二〇〇八）年に落慶した大師堂がある。前立の弘法大師坐像を拝顔できた。寄木造りで坐像の高さは七十九センチ。ご本尊の虚空菩薩像と大師像は本堂裏の収蔵庫に納められており、参拝者が拝顔できるのは前仏といわれるレプリカである。

本堂の左には、秘仏の三面大黒天が祀られている三面大黒天堂がある。中央に三面大黒天像、右に毘沙門天像、左に弁財天像が安置されている。参拝者が拝顔できるのは、レプリカの前立三面大黒天である。また本坊左奥から約一・一キロ上った焼山寺山頂に、蔵王権現を祀った奥の院があり、少し下ったところに、大蛇を閉じ込めた竜王窟がある。大師堂の右手には、大きな鳥居を備えた十二社神社がある。紀州の那智熊野神社の御分霊とされている。しかし、このお寺で最も目を引くのは、なんといっても杉の巨木である。本堂の周りだけで十五本ほど、今回は行けなかったが奥の院に至る山中には百本あまり、天をつくようにそびえている。いずれも樹齢は五百年を超すだろうといわれ、昭和三十七（一

天然記念物指定の杉の木

左から三面大黒天堂、本堂、大師堂

九六二）年には徳島県の天然記念物に指定されている。今回は余裕のあるお参りを心がけていたので、一時間近くかけて境内を散策した。

納経所に立ち寄りご朱印を頂く。昨年の師走にも頂いたので四つの朱印が並んだ。

参拝者の目を避けて、十二社神社近くのベンチで、コンビニで買ったおにぎりを食べる。

山門の前で一礼し、十二時に山を下り始めた。麓の鍋岩まで下ると小さなマイクロバスが停まっている。聞くと神山町営バスだという。神山役場まで乗せてもらう。役場の前でガソリンスタンドの人にオロナミンCのお接待を受けた。徳島バスで徳島駅まで引き返す。

こうして、阿波の国の遍路旅を無事終えたのであった。

修行の道場
土佐の国◆高知

修行とは仏道を身に付けて善行を積むこと

第二十七番 神峯寺《こうのみねじ》の仁王門

第二十四番札所　最御崎寺《ほつみさきじ》

空海の伝説が多く残る◆室戸山《むろとざん》　明星院《みょうじょういん》◆二〇一八年三月三十日

二晩お世話になった徳島市内のシティホテルを、六時三十分にチェックアウト。いよいよ「修行の道場」といわれる土佐の国の遍路旅が始まる。

徳島駅でJR牟岐線終点の海部《かいふ》駅への切符を購入。改札口近くで、先日バスターミナルで出会った、日本人女性とカナダ人男性のカップルに再会。男性は登山家で、特にケニヤ山やキリマンジャロが印象に残ると話してくれた。私も六十五歳のときにキリマンジャロに登った経験があり、登山談義に花が咲く。出発時刻が近づき名残惜しい気持ちで別れた。

列車は予定通り、六時四十七分にプラットホームを離れた。ほとんど乗客はおらず、ゆったりした気持ちで阿波国の最後の時間を楽しめた。

九時九分に海部駅に着き、阿佐東線に乗り換える。この駅から終点の甲浦《かんのうら》駅まで三つの駅があるだけのミニ路線。九時二十三分発の列車に乗車。列車内はLEDのイルミネーションで飾り立てられ、華やかな雰囲気だ。九分ほどで甲浦駅に到着。駅舎は道の駅にもなっていて、ミカンをはじめ、さまざまな特産品が並べられていた。待合室のベンチには広島から来たという中年の男性が一人座っていた。その人は「四国みぎした55フリーきっぷ」で旅行中だという。詳しく聞いてみると「徳島・室戸岬・高知間を三日間乗り降り自由で五千五百円」という。知っていたら利用できたのにと残念だった。

九時五十九分発のバスで、「大師像前」へ向かう。車窓から外を眺めていると若い外国人女性が何組も歩いている。二十年前には自分もあのようにして歩いていたのか。長い年月が過ぎたと今さらながら思い、少し寂しくなる。

十時五十分。バスは大師像前に着く。右手の山の中腹で、青年大師像が静かに海を見つめていた。

海を見つめる若き日の空海

この青年大師像は明星来影寺《みょうじょうらいえいじ》の境内にあり、信者たちの協力によって建てられたものだ。足元には、黄金色の「涅槃像《ねはんぞう》」がある。空海は東の海を見つめ、涅槃像は西向きの姿で横たわっているので、お互いが背中合わせとなり、少し奇異に感じる。

大師像から一キロほど南に行くと、岩壁が海の波によって浸食された二つの洞窟がある。右側が弘法大師の伝説が残る御厨人窟《みくろど》である。ここには五所神社があり大国主命が祀られている。隣接の神明窟《しんめいくつ》には神明宮があり大日孁貴《おおひるめのむち》（天照大神《あまてらすおおみかみ》）が祀られている。

御厨人窟は、平安時代に修行中の空海がこの洞窟で寝起きしたといわれる。ここからは空と海しか見えないことから「空海」という法名を得たという。落石のため平成二十七（二〇一五）年から立ち入り禁止となっているが、以前に訪れたときは洞窟の中に入れた。少し腰をかがめて外を見ると目の前の景色は、確かに空と海のみであった。この洞窟の中で耳にした厳しい波の音も記憶に残っている。隣の神明窟からは海は見えないが、空海はこの洞窟で修行を積み、その苦行中に明星が口に飛び込み、悟りを開いたとされる。

御厨人窟のすぐ近くに公衆トイレがあり、その横から最御崎寺への遍路道が始まる。遍路道を少し上ったところに空海が一夜で建立したと伝えられる、最御崎寺の奥の院の観音窟「弘法大師一夜建立の岩屋」がある。ここには空海が唐から持ち帰ったといわれる大理石の如意輪《にょいりん》観世菩薩像があったが、現在は最御崎寺の霊宝殿に収納されていて、洞窟

この石段を上ると仁王門がある

には七観音が祀られている。

さらに山道を上ると突き当たりに捻岩がある。空海を訪ねてきた母親が嵐に遭ったときに、空海が石を捻って洞窟を造り、母親を避難させたと伝えられる岩である。

遍路道を上り始めて三十分ほどで、石段の先に楼門式仁王門が見えてくる。まずはその手前の修行大師に一礼。らんらんと目玉を光らせる一対の仁王様の背後には、ちょっとかわいげのある石造りの仁王様が控えていた。

仁王門をくぐると正面に本堂、右側には袴腰造の鐘楼堂、多宝塔が並んでいる。まずは本堂にお参りすることにする。

寺伝によると、空海は大同二（八〇七）年に嵯峨天皇の勅願を受けてご本尊の虚空蔵菩

大師堂

空海の七不思議の一つ、鐘石

薩を刻み、本寺を開創したとされる。暦応四（一三四一）年に足利尊氏が国家安寧を願って全国に安国寺を設け、本寺は土佐の安国寺と定められた。その後火災によって焼失したが、土佐藩主・山内忠義の支援で再興された。明治時代の神仏分離令によって寺は荒廃。大正三（一九一四）年に再建された。女人禁制であったが明治五（一八七二）年解禁された。

霊宝殿にはこの寺に伝わる文化財が収納されている。空海が唐から持ち帰ったともいわれる珍しい大理石造りの如意輪観音《にょいりんかんのん》半跏像や木造漆箔の薬師如来坐像、木造漆箔の月光菩薩立像など。これらの仏像はいずれも平安時代後期の作とされている。

境内の「鐘石」は「空海の七不思議」の一つ。叩くとその音は極楽浄土まで届くといわれている。参拝者が小石で叩くため、小さなくぼみができていた。

本堂の右奥の「クワズイモ」も、七不思議の一つ。昔、土地の者が芋を洗っていると、空海が通りがかり、その芋をもとめたところ、「この芋は食べられない」といって与えなかった。それ以来本当に食べられなくなったという。この他七不思議とされているものとして、「一夜建立の岩屋」「捻り岩」「明星石（空海が修行中に邪悪なものを吐き出すと海岸の石が輝いた）」「目洗いの池（空海が池の水を加持供養して人々の眼病を治した）」「行水の池（空海が修行中に沐浴した）」などがある。

第二十五番札所　津照寺《しんしょうじ》

室津の漁港を見守る◆宝珠山《ほうしゅざん》　真言院《しんごんいん》◆
二〇一八年三月三十日

最御崎寺から津照寺までの距離は六・五キロ。歩けば二時間近くかかるが、バスを利用することにした。バス停の時刻表を見ると、一時間ほど待たなければならない。バス停の周辺は室戸岬ユネスコ世界ジオパークと名付けられ、観光地となっている。少し周りを散策することにした。天気はよいが風が強いので、肌寒い。風のあたらない遊歩道を歩いてみた。雄大な太平洋が広がり、沖合には貨物船が航行している。眺めていると、時間がゆっくり流れていくのを感じる。

近くには海援隊の坂本龍馬とともに暗殺された明治維新の志士、陸援隊の中岡慎太郎の銅像が立っている。彼の視線は、はるか太平洋のかなたに向けられている。

そばにあった喫茶店風のレストランに入り、カレーの昼食。

十四時四十九分、時刻表通りバスは来た。乗客は地元の人らしい人が三名だけ。窓側の海の見える席に座る。太平洋を眺めながら、のんびりしたバス旅である。車窓を流れる集落の中に南海地震に備えて鉄骨で作られた避難所があり、周りの景色にそぐわず少し違和感を覚える。国道55号線を遍路姿で歩いている、外国人女性も多く見かけた。

予定通り、十五時に室戸のバス停に着く。すぐ目の前に、津照寺が鎮座する小高い山があった。古い民家やスナック、雑貨店などが軒を突き合わせるようにして立っている。狭い路地を歩いていると、予約した民宿が見えた。とりあえず荷物を置かせてもらい、納経帳などを入れた頭陀袋とカメラだけを持ち、身軽な恰好でお参りすることにした。

家が建ち並ぶ狭い道を歩き、角を曲がると、突然、正面に朱門とお寺の石段、竜宮城のような鐘楼門が現れた。べんがら色の柱に瓦屋根がのった質素な感じの山門である。

石柱の背後に立つ朱色の山門

山門をくぐると、すぐ右手に大師堂があり、その横に納経所がある。近くのベンチに座り込んでいる男性がいたので声をかけると「宇和島から逆打ちをしてきた」と言う。かなり疲れている様子だった。

まずは納経所に行って御朱印を頂き、写真撮影の許可をもらおうとすると、「ご本尊の撮影はお控えください」と言われる。

昭和三十八（一九六三）年に建てられた大師堂にお参りする。ソテツが植えられていて南国の雰囲気だ。大師堂のすぐ横から、本堂へ上る百二十五段の急な石段が始まる。満開の桜が鐘楼門を彩っている。石段の途中に「一木神社」がある。室津港の改修に命を捧げた一木権兵衛政利が祀られている

石段を上ると、鐘楼門がある。上層は鐘楼堂で、入口の両側には小ぶりな仁王像が安置されていた。門の正面には、航海の安全を願うものなのだろう、船の舵のようなマークが付いている。鐘楼のある二階には自由に出入りできるようになっていて、由緒ある鐘のように思えた。この辺りからは、古い町並みや室津港、その向こうの太平洋が一望できる。

石段を上りきると、右に手水鉢があり、本堂がある。鉄筋コンクリート造りで、昭和五十（一九七五）年に建設された。アルミサッシの扉を開けて、お参りをする。ここにも「本堂の中の撮影は禁止します」といった意味の注意書きがある。

南国ムードが漂う大師堂

舵のマークが目を引く鐘楼門

穏やかなお顔の写経大師尊像

室津港を見下ろす小高い山の上に立つ津照寺は「津寺《つでら》」とも呼ばれている。寺伝によると、空海が四国修行中にこの山を見かけ、下は球形で上が円錐形をしている山の形が、仏の象徴とされる地蔵菩薩の宝珠の形に似ていることから霊地であると感じて、宝珠に合わせて、延命地蔵菩薩を刻み、これをご本尊とするお寺を建てられた。

このお寺には幾つかの言い伝えがある。『今昔物語』では「津寺」と呼ばれ、ご本尊の地蔵菩薩の霊験について語られている。本堂が火災に遭ったとき、ご本尊が僧に身を変えて村人に知らせて難を逃れたという。また慶長七（一六〇二年）、土佐藩主・山内一豊が室戸の沖合で暴風雨にあったとき、どこからか一人の僧が現れて、船の楫《かじ》を取り、無事

権兵衛が命がけで改修した室津港

に室津の港につけた。立ち去る僧の衣から垂れた水跡をたどると、このお寺の本堂の前まで続いていた。ご本尊のお姿は濡れていて、僧に姿を変えて船を救ってくださったことを知った。以来ご本尊は楫取《かじとり》地蔵とも呼ばれ、船人や漁師の守り仏として、厚く信仰されてきた。

　このお寺も長曾我部氏や山内氏の庇護を受けて栄えたが、明治の改革により、土地が没収され、小作農民に払い下げになり、廃寺となった。明治十六（一八八三）年に寺の名前が復興。昭和三十八（一九六三）年に大師堂が、昭和五十（一九七五）年に本堂が、新築された。大師堂の近くに写経大師尊像があり、これも見どころの一つである。

第二十六番札所　金剛頂寺《こんごうちょうじ》

天狗問答が伝わる◆龍頭山《りゅうずざん》　光明院《こうみょういん》◆
二〇一八年三月三十一日

昨夜は民宿に泊まった。夕日が差し込み、暑くて寝つけなかったが、今朝は少し肌寒い。午前三時にベッドを離れ、部屋の隅の小さなテーブルで日記を書く。買っておいたパンと牛乳で食事をすませ、身支度を整える。時計を見ると五時半近くになっている。宿は静まり返っている。昨晩の宿泊客は私一人だったようだ。宿の主人に声をかけてから出るつもりだったが、起きている気配がない。迷惑をかけないように静かに外に出た。

まだ夜は明けていないが、道は白く浮き上がり、周りはよく見えた。人影のない漁師町の路地を歩く。少しくたびれたスナックの扉を横目に見ながら国道に出る。誰もいないバス停の前で六時十七分の後免《ごめん》行きのバスを待つ。

朝靄の中から予定通りにバスが現れる。乗客はいない。夜明けの海沿いの道を走り、六時三十分に元橋というバス停に到着。下車し、軽く屈伸運動をして遍路道を歩き始める。

金剛頂寺まで一・二キロ、標高差は百六十五メートル。スマホで道順を確かめてから元川沿いの田んぼ沿いの道を歩く。田植えを終えたばかりの景色を眺めながら、朝の空気を胸いっぱいに吸い込む。六百メートルほど、田んぼの上を渡ってくる生暖かい風にあたりながら歩く。

ビニールハウスの近くが三差路になっており、山側への道を選ぶと、その先に遍路道の標識がある。じぐざぐと曲がりくねった道を上り始める。六百メートルほどの上り坂を、金剛杖を頼りに上る。かなりきつく、息切れがする。

七時ちょうどに仁王門の石段に着く。目の前に厳しい上りの厄坂がある。三十三段の女坂、続いて四十二段の男坂。少し息切れしながら、六十一段上ったところに山門があった。

厳しい上りの厄坂

石段を上り切ると、広い境内に出る。その先の石段を上がると間口の広い本堂がある。鉄筋コンクリート造りで、屋根は本瓦、入母屋造りである。昭和五十七（一九八二）年に再建された。堂内には須弥壇《しゅみだん》が設けられていて、中央の厨子の中にはご本尊の薬師如来が安置されている。秘仏であるが、毎年大晦日から一月八日まで御開帳されている。厨子の前の仏像は、木彫りの薬師如来、脇侍として日光・月光菩薩、十二神が並んでいる。

金剛頂寺は、土佐湾に突き出した小さな岬「行当岬《ぎょうとうざき》」の背後の山の頂上に鎮座し、原生林に覆われている。室戸三山（最御崎寺、津照寺、金剛頂寺）の一つで、最御崎寺が「東寺」と呼ばれるのに対し、「西寺」と呼ばれている。

山門。大きな草鞋が奉納されている

若き空海は岬にある不動岩から、二・三キロほど離れた金剛頂寺まで毎日出かけて、修行に励んだといわれる。この道を行き来したことから「行当岬」と名付けられたという。

大同二（八〇七）年、空海は平城天皇の命により、ご本尊の薬師如来を刻んでこのお寺を創設した。当初は「金剛定寺《こんごうじょうじ》」と呼ばれ、女人禁制の寺であった。その後嵯峨天皇から「金剛頂寺」の勅額を賜ったことから、現在のお寺の名前に改められた。歴代天皇に信仰されて栄えたが、室町時代に火災に遭ったため、長曾我部元親が寺に領地を寄進し、江戸時代には土佐藩主の祈願所として寺院の建物が整備された。しかし、明治三十二（一八九九）年の火災で、焼失。現在の本堂や境内の堂宇はその後再建されたものである。

本堂。境内は広々としている

大師堂は本堂に背を向けるようにして建てられており、御影堂ともいわれている。大師堂の裏側に三面のレリーフがあり、室戸を舞台にした弘法大師の三つの逸話が描かれている。一つは「金剛定額」で、弘法大師が寺の庭にある楠の洞穴に自らの姿を描くと、魔物や天狗たちが逃げ去ったというもの。「天狗問答」は、若き日の大師が魔物などの天狗を説き伏せ、足摺岬の西方に押しやったというもの。天狗が室戸に戻ってこないように見張るため、大師堂は本堂に背を向け、西向きに建っているという。「室戸伏龍」は、修行の邪魔をする悪い龍を、加持祈祷で追い払ったというものだ。

現在の大師堂は寛文五（一六六五）年、江戸時代に再建されたものである。ご本尊は弘法大師の作と伝えられる弘法大師半躰《はんたい》で、秘仏である。

本堂の手前には鐘楼堂がある。横から見ると柱が六本あり、これが天皇の勅命によって建てられたという証明になるといわれている。

本堂の左手には霊宝殿がある。平安時代後期の木造阿弥陀如来坐像、真言密教伝説の師八人をモデルにした鎌倉時代の板彫真言八祖像《いたぼりしんごんはっそぞう》のほか、銅造観音菩薩立像、金銅密教法具、金銅旅檀具、銅鐘、金剛頂経などが収納されていて、すべて国の重要文化財である。

また、がん封じの椿御霊木がある。ごつごつとしたこの木の肌をなでるとがんに効くという。そのせいか磨かれたようにつるつるに光っていた。

柱が6本ある鐘楼堂

「一粒万倍の釜《いちりゅうまんばい》」は、弘法大師が炊いた三合三勺の米が一万倍に増えて、飢えに苦しんでいた住民を救ったと伝えられる大きなお釜である。

鐘楼と本堂の間の山林の中の小道を入ると、智光上人廟がある。第二世智光上人は仏道の修行に励んだ聖人とされて、空海が高野山で入定《にゅうじょう》されたことを知ると、この寺で入定されたといわれる。そのため、この辺りは聖域として信仰を集めている。周りはヤッコソウの群生地となっているが、このときは見ることはできなかった。

鯨を供養した「捕鯨八千頭精霊供養塔」や弁財天の祠もある。

このお寺の見どころの一つとして魚籃観音《ぎょらんかんのん》

鰹を手に大漁と航海の安全を祈る魚籃観音

断崖絶壁の上にある不動堂

石像があるらしいが、見当たらない。納経所で僧侶に場所を尋ねると、小さな石段を下りた宿坊の近くにあると教えてくれた。行ってみると、宿坊につながる本坊の床下辺りに泉があり、そこに鰹を手にした石像があった。魚供養と漁業の発展を願って設けられたものである。すぐ近くには、かつて天皇が行幸されたときに開かれた門があり、現在でも苔むした十二段の石段が残されている。

最後に納経所で御朱印を頂く。お寺の裏口から遍路道を下る。この道は空海が毎日通った行当岬の不動岩まで通じており、その距離は二・三キロ。歩き遍路の男性がこの山沿いの道を歩いている。海岸近くまで下り、国道55号線を渡ると小さな不動堂に着いた。明治時代初期までは金剛頂寺は女人禁制だったため、女性はこのお堂からお参りをしていたという。今でも女性のお遍路はここにお参りするのが習わしとなっている。

不動堂には波切不動明王像が安置されており、約四十メートルの断崖絶壁の上に鎮座されている。地元漁師は今でも「お不動さん」と呼んでいるという。

不動岩の周りに残された空海の修行の足跡をたどってみる。一巡してふと目を上げると、太平洋が広がり、自分もその大海原に溶け込んでいくような心地になった。

「キラメッセ室戸」というバス停まで歩き、道の駅で鯖寿司を買って昼食とした。これで今回の遍路旅は終えて帰路についた。半年後に秋遍路旅に出かけることにする。

第二十九番札所　國分寺《こくぶんじ》

星供《ほしく》の根本道場といわれる◆摩尼山《まにざん》　宝《ほう》蔵院《ぞういん》◆二〇一八年十一月九日

三月に、高知県の室戸三山のお参りをすませた。スケジュールの都合で順番は前後するが、土佐の国の第二十七番神峯寺《こうのみねじ》から伊予の国の第四十番観自在寺《かんじざいじ》まで、バスやＪＲを利用して、十一月九日から十四日の六日間で巡拝する計画を立てた。

十一月九日。ふだんなら朝のウォーキングをすませて帰る時刻である。自宅からＪＲ松山駅前のバス停まで約一・八キロ。七時三十分に着く。

七時四十五分。伊予鉄バス、高知ホエールエクスプレス号が来る。乗客は五人。高知バスターミナルまで百五十一キロ、二時間四十分の旅。バスは松山自動車道に入る。すると、バスの窓を叩きつけるような雨が降り始めた。天気予報では松山地方は雨だが、高知市内は昼頃までには雨は上がるはず。予報通りその頃には、晴れ間さえ見え始めた。

バスは十時五十分頃にＪＲ高知駅に着く。駅舎はＪＲ松山駅より広々として明るい。二十四分の待合わせで、ＪＲ土讃線の普通列車に乗り換え、後免《ごめん》駅へと向かう。

十一時三分到着。静かなホームを照らす明るい陽射しに、南国高知の雰囲気が漂う。國分寺へのバスが出るまで少し時間があるので、駅の周辺を歩いてみる。「後免」という駅名は珍しいので、写真を撮ろうとして、カメラがないのに気づいた。これまでは一眼レフカメラで撮っていたが、重いのでちょっと高級な軽いレンズシャッターのカメラに買い替えたところであった。あわてて家に電話を入れると、二階の書斎の机の上にあるという。安心したが、遍路旅の目的はお寺の写真を撮ることでもあるので気落ちした。手持ちのスマホで撮るしかない。

バス停近くのスーパーで、昼食用の弁当を買うことにした。目移りしたが、カマスをのせたお寿司とお茶を購入し、バス停の待合べ

珍しい駅名、ごめん駅

ンチで食べる。やはり高知は魚がおいしい。

食べ終えて少し待っていると、國分寺へ行く植田方面へのバスが来た。高齢の女性がバスのステップに足が上がらずもたついているのを見て、周りの人が手助けしている。地元の人が数人乗っており、顔見知りらしく楽しげに話をしている。高知訛りの会話を聞きながら、ローカルバスの雰囲気を楽しむ。

五分ほどでバスは「國分寺通り」に着く。ここから五百メートルほどのところにお寺はある。バスを降り、歩き始めると、外国人女性が二人近づいてくる。笑顔で会釈をしてくれたので、どこから来たのか、英語で声をかけた。二人はオランダから来た姉妹で、國分寺に行くという。会話を交わしながら、田んぼに囲まれた一本道を一緒に歩く。こんもりした森が見え、山門の前で彼女たちと別れる。

山門は入母屋造楼門である。明暦元（一六五五）年に土佐藩主・山内忠義が寄進したもので豪壮な二層造りである。左右には金剛力士像が安置されている。山門を通ると右手に鐘楼がある。平安の前期に鋳造されたもので、国の重要文化財である。

ご本尊は行基の作と伝えられる千手観世音菩薩である。本堂は金堂ともいわれ、兵火に遭ったが、長曾我部元親によって永禄元（一五五八）年に再建された。屋根は柿葺《こけら》きで、建物は平安文化の名残を残した寄棟造りとなっている。内部の海老虹梁《えびこうりょう》は土佐最古の吹《ふき》

金堂とも呼ばれる本堂

寄垂木《よせだるき》などでできており、室町時代の特色が出ているといわれている。

このお寺は「諸国で最も良い土地を選んで建てよ」という聖武天皇の國分寺建立の詔によって、全国に建てられた國分寺の一つで、天下泰平と五穀豊穣、万民の豊楽を願う祈願所として、天平一三（七四一）年に開創された。

お寺の縁起によると、空海が修行のためにこの地を訪れたのは弘仁六（八一五）年頃である。毘沙門天を刻まれ、奥の院に安置された。このときに本堂で真言八祖に伝わる厄除けの「星供《ほしく》の秘法」を納められ、以来、土佐國分寺は「星供の根本道場」となっている。

また「土佐日記」の著者、紀貫之が国司として四年間滞在した地としても知られる。

このお寺は兵火によってたびたび焼失したが、永禄元（一五五八）年、長曾我部国親、元親によって本堂が再建された。境内には多くの文化財が残っていたため、大正十一（一九二二）年には、境内全域が国の史跡に指定された。

本堂には、平安時代中期に造られた檜材一木彫の木造薬師如来立像、鎌倉時代の作とされる寄木造り・漆箔・玉眼の木造薬師如来立像がある。二体ともに重要文化財に指定。

本堂の左隣に大師堂がある。寛永十一（一六三四）年に建立。屋根はもともと柿葺きだったが、昭和三十五（一九六〇）年の修理の際に銅板葺きになった。

このお堂の前で上手に般若心経を唱えている外国人女性を見かけた。これまでに幾度か顔を合わせ、短い会話を交わしていたフランス人女性である。「It is good your Chanting.」と声をかけると、折りたたまれて少し破れかけた紙をポケットから取り出して見せてくれた。そこにはローマ字で般若心経が書かれていた。一番札所から読みながらお経を唱えているうちに覚えてしまったという。

大師堂の前には「酒断地蔵尊」という表札を掲げた、小さな社がある。さすがに酒豪ぞろいで知られる高知県である。飲みすぎて体調を壊す人もいるようだ。私もその気持ちはよくわかる。お賽銭箱に百円を入れて、若い頃の無茶を悔い改め、手を合わせた。

鐘楼の奥に、このお寺の開祖といわれる行基を祀る行基堂がある。別名、開山堂ともい

大師堂。外国人女性も般若心経を唱えていた

う小さなお堂である。鐘楼を右に曲がると、庭園がある。このお寺は「土佐の苔寺」ともいわれるように、杉苔がすばらしく、周りには句碑や歌碑がある。

江戸時代に土佐藩主・山内忠義が建てた客殿もある。老朽化が進み、昭和五十三（一九七八）年に建て替えたものである。この客室から美しい庭園を眺められるという。その他、亡き人を供養する光明殿がある。

十三時三十分、御朱印を頂き、仁王門に一礼して第三十番善楽寺へ向かう。

第三十番札所　善楽寺《ぜんらくじ》

数奇な運命をたどる◆百々山《どどざん》　東明院《とうみょういん》
◆二〇一八年十一月九日

國分寺から善楽寺まで六・九キロ。バス便が少なく、乗り換えも多いので、歩くことにした。来た道とは反対方向である。三百メートルほど歩くと、右に曲がるように示す、遍路道の案内標識がある。その指示に従って歩く。以前、この辺りを歩いたときは、どこまで行っても田んぼが広がり、方角がわからなかったように記憶している。しかし二十年あまり経つうちに周辺の景色も変わり、ところどころに民家も見かけるようになった。

國分寺を出てから一・二キロほど歩くと、国道32号線への上り坂になる。その道に沿うようにして道幅二メートルあまりの狭い遍路道があり、標識もあった。国道の下の小さなガードを抜けて、広い道に出た。そのうち遍路道は二手に分かれる。一つは県道384号線を歩くコース、もう一つは国分川沿いの道を歩くコースである。県道は交通量が多いと思い、後者の道を選ぶ。国分川沿いの遍路道を歩き続けると、上りの県道になる。車の待避所の隅に、木枠を組み合わせたような小屋があった。「お遍路さん休憩所」と書かれ、遍路小屋（第五号）という案内がある。そこで一休み。トイレも何もないが、木の温もりを感じさせる小屋だった。

やがて県道384号線が近づくと、しだいに道幅も広くなり、四国運輸会社の看板が見える。県道との合流点には、よしず張りのうどん屋があった。広い三差路を渡ったところで自転車に乗った若い女性が通りがかった。「お遍路さんご苦労さん」と声をかけてくれた。ここぞとばかりに「善楽寺へはこの道をまっすぐ行けばいいのですか」と確かめる。すると、「私はよく知らないのでじいちゃんに聞いてきます」と先ほどのうどん屋に急いで入っていく。やがてよしずの間から顔を出すと、手を上げて丸を作ってくれた。

休憩所で一休み

広い県道384号線沿いには、大きな会社が建ち並び、高知市内に向かう交通量は多い。だが、人通りは全くない。やがて逢坂峠と書かれたバス停を見かけた。道路標識にも「高知市」と書かれている。ここから高知市に入ることとなり、道は下り坂になる。

地図に従って歩くうちに遍路道の案内板を見つけ、狭い道を下っていくと小さな公園に出た。そのまま公園を通り抜けるものと思い込み進んでいくと、フェンスに突き当たってしまった。公園の入口まで引き返す。そこに遍路道を示す立派な石柱が立っていた。うっかり見落としたようだ。その標識に従って公園の石垣沿いの階段を下り、新興住宅地の生活道路を歩く。道幅五十センチほどの、民家の庭先のようなところを歩くこともあった。

やがて県道384号線との交差点に出て、道路を横断。民家の畑の横の道を歩くうちに善楽寺の観音様が見えてくる。このお寺には山門はなく、巨大な石造りの十一面観音菩薩像が出迎えてくれた。比較的狭い境内の奥の大きなお堂が本堂である。

本堂は昭和五十七（一九八二年）に改築されたもの。以前お参りしたときは夕日に映えて柱が金色に光っていた。ご本尊は金仏阿弥陀如来坐像で、国の重要文化財に指定されている。その他、江戸時代末期の木造薬師如来坐像や観音菩薩などが安置されている。

寺伝によると、平安時代の初期に空海がこの地を訪れ、高鴨大明神（現在の土佐神社）の厳かな雰囲気を大変気に入られた。この高鴨大明神を管理する別当院として、神宮寺と

大きな観音様が出迎えてくれる

善楽寺を開設。善楽寺を四国第三十番霊場と定められた。

その後、このお寺は数奇な運命をたどった。応仁時代に兵火によって焼失したが、その後土佐藩主・山内忠義の庇護を受けて栄えた。しかし、明治初期の廃仏毀釈《はいぶつきしゃく》により廃寺となり、ご本尊の阿弥陀如来坐像と弘法大師像は第二十九番國分寺に預けられた。明治八（一八七五）年に安楽寺が再興されたのに伴い、阿弥陀如来坐像も移され、安楽寺が第三十番札所となったが昭和五（一九三〇）年に善楽寺が復興。第三十番札所は安楽寺と善楽寺の二ヵ所となり、「遍路迷わせの札所」と参拝者が悩む事態に。平成六年（一九九四）年、善楽寺を第三十番札所、安楽寺を三十番の奥の院とすることでようやく決着したのである。

本堂の左側に並んで、木造の大師堂がある。ここのお大師様は「厄除け大師」としても知られていて、災難厄除けのご利益があるとされる。

本堂の南側に子安地蔵堂があり、優しい顔つきのお地蔵様が安置されている。難産で苦しんでいた妊婦をお大師様が祈祷して、無事にお産をさせたといわれる。安産や子宝を祈願する人たちの信仰を集めている。この左側に鎮座するのは梅見地蔵である。文化十三（一八一六）年の建立で、首から上の病に御利益があるといわれている。大師堂の横の梅を眺めているように見えるところから、この名があるという。

納経所で御朱印を頂き、本堂に向かって一礼、土佐神社への長い参道を歩く。両側には桜が植えられ、参道の先には土佐神社の楼門がある。木造の楼門で歴史を感じさせる。この楼門の前の広い道を南に向かって歩き、土讃線土佐一宮《といっく》駅に十五時半頃に着く。三十分ほど列車を待って、次の駅の高知駅へ。さらに高知駅のすぐ前から出ている路面電車に乗り、次のはりまや橋駅で下車した。高知市のもっともにぎやかな商店街である。デパートの地下の食品売り場で夕食を買い求める。疲れもあり、そのまま予約したホテルに向かう。

スマホを頼りに歩き、ホテルの看板を見つけたので近づいてみた。入口には黒いゴム状の覆いがあり、普通のビジネスホテルとはちょっと様子が違う。小さなフロントには「御用の方はお呼びください」と書かれた用紙が置かれてあり、その横に呼び鈴があった。誰

赤い帽子とよだれかけをつけた梅見地蔵

もいないのはおかしいと思いつつ呼び鈴を押すと、中年の女性が出てきた。

「インターネットで予約を入れたものですが」と名前を告げると、「ここはラブホテルですが、寝室も風呂も広くて、一般のビジネスホテルよりも快適に過ごせます」と言う。この種のホテルに泊まった経験がないので戸惑ったが、今さら他の宿をとれそうもないので、そのまま宿泊することにした。一泊四千五百円、四泊分を前払いする。

　その種の変な飾りなどはなく、女性の言葉通り、部屋は広く清潔で、ジェットバスも気持ちがよかった。少し気恥ずかしいが、遍路宿としてラブホテルは穴場のように思えた。

第二十七番札所　神峯寺《こうのみねじ》

真《ま》っ縦《たて》の遍路道を上る土佐随一の難所◆
竹林山《ちくりんざん》　地蔵院《じぞういん》◆二〇一八年十一月十日

ラブホテルに泊まるのも一つの経験という思いで一夜が明けた。いつものように四時少し前にベッドを離れて備え付けの机に向かう。昨日の行動を記し、ホテルを出る。外はまだ暗い。広い歩道を歩いていると、赤く塗られた小さな「はりまや橋」があった。横目で見ながら高知駅に向かう。駅舎に入ったが、五時四十分の上りの始発列車を待つ人はほとんどいない。がらんとしたホームの椅子に高校生が数人、眠そうな表情で座っている。

列車は予定通りに出発。後免駅から土佐くろしお鉄道ごめん・なはり線に乗り換えて、無人駅の唐浜《とうのはま》駅に着いたのは七時二十分。乗降客は私だけであった。駅舎はぽつんと田んぼの真ん中にあり、反対側はすぐそばまで山が迫っている。

高架駅の階段を下りると、トイレやちょっとした待合室が設けられている。そこに神峯寺を紹介するポスターが貼られていた。「今は道路が整備されているが、以前は山に向かってまっすぐ山道を上るようになっていて『真っ縦の遍路道』と呼ばれ、土佐の国で随一の遍路ころがしといわれる難所であった」という意味のことが書かれていた。

　気を引き締めて、山に向かう。少し歩くと広い道に出合った。その道を横切って山へと向かう二車線の広い道路を歩き始める。ここから標高四百三十メートルの神峯寺を目指してまっすぐ上ることになる。少し肌寒かったが、急勾配の道を歩くうちに汗ばんできた。

「唐浜の穴内層」と書かれた案内板があった。ここから貝の化石が出土するという。海が一望できるので、景色を眺めながら一休み。その後も全く車も通らない広い道を歩き続ける。遠山という小さな集落があり、ここで別ルートの遍路道と合流する。単調な道に嫌気がさしながら、我慢してなお歩き続けると、道端に「遍路道」の案内石柱があった。

山道にある案内石柱

この遍路道はところどころで車の通る道と交差しながら、少しずつ標高が上がっていく。途中に桜公園として造られた九丁公園がある、その広場に不思議な石柱を見かけた。顔には「同」、胸から腹部にかけて「行二人」を意味する文字が刻まれている。あとで調べてみると高知大学の船木直人名誉教授の作品という。

ようやく山門が見えてきた。時計を見ると八時四十分。ほぼ一時間のコースだ。

右側には神峯神社の鳥居がある。この神社は神功皇后が、朝鮮半島出兵の戦勝を祈願して天照大神を祀ったものである。並ぶようにして、左側にお寺の仁王門がある。入母屋造りの楼門で、左右に真赤な金剛力士像が安置されていた。

一礼して山門をくぐると、お寺の名前が書かれた石柱があり、その先に納経所や鐘楼、本堂への石段が見える。納経所に寄り、納経をすませ、写真撮影の許可をもらう。本堂や大師堂にお参りするには、すぐ横にある百五十九段もの石段を上らなければならない。石段の上り口近くに、古めかしい鐘楼があった。

その背後の「神峯の水」は、長い坂道を上ってきた遍路の喉を潤してくれる、霊験あらたかな湧水だ。病気平癒のご利益もあるという。北海道に住む女性が病み、危篤状態になったとき、この水で一命をとりとめたという伝説が残されている。

石段の周りには、ツツジやモモ、モクレンなど、四季折々の花が咲き、遍路の心を和ま

神峯山の中腹に建つ本堂

せてくれる。石段を上りきり、左に曲がると聖観音堂（経堂）があり、本堂へと続く。本堂の背後は巨木で覆われ、深山の神秘を感じた。

このお寺は西暦二百年頃、神功皇后が朝鮮半島出兵の戦勝を祈願して、天照大神を祀った神峯神社が起源とされている。天平二（七三〇）年に聖武天皇の勅命を受けて、行基が十一面観世音菩薩を刻んでご本尊とし、神仏を同じ社に合祀していた。その後空海がこの地を訪れ、大同四（八〇九）年にお堂を建て「観音堂」と名付けた。元和元（一六一五）年頃、火災により境内のお堂はすべて焼失。その後、本堂と大師堂、鎮守社が再建された。

だが険しい山中にあったため、一般には山の麓にあった別当の常行禅寺や前札所の養心庵からお寺に向かってお参りをしていたという。

ここは神仏習合の霊場だったのだが、明治初期の神仏分離令によってお寺は廃止され、神峯神社だけが残った。そのためご本尊と札所は金剛頂寺に預けられた。明治二十（一八八七）年になり、ご本尊と札所がこの場所で再興され、昭和に入って、神峯寺と称するようになった。

ご本尊は秘仏だが、参拝者はご本尊の前仏を拝観できる。本堂の左側には石の地蔵仏が五十体ほど集められている。赤いよだれかけが印象的である。

大師堂に向かう。その途中に、にぎにぎしいお姿の不動明王が立ち、にらみを利かせていた。大師堂は山を切り開いて平成四（一九九二）年に落慶した。ご本尊は六尺（約百八十センチ）の木造弘法大師坐像である、その胎内には、明治時代に山中から見つかった一尺（約三十センチ）の光現大師と呼ばれる石像が納められている。

お参りをすませ、山門で一礼して上ってきた道を下り始める。日差しもしだいに強くなり、背中にうっすら汗がにじむ。広い車の通る道に出たところで、日傘を差した女性が上ってくるのが見えた。「ご苦労さまです」と声をかけたが、どうやら外国人らしい。例によって、どこから来たのか、英語で問いかけると、「シンガポールから来ました、まだお寺は遠いですか？」と英語で聞かれた。しばらく二人で木陰の遍路案内の標識のところ

にらみを利かせる不動明王

で一休み。簡単な会話を交わして「Then be careful」と言って別れる。

十時三十分、ようやく唐浜駅に着いた。さほど疲れはない。待合所から中年の夫婦らしいカップルが出てきた。「この辺りに荷物を預かってもらえるところはありませんか」と聞かれたが、周りには民家はもちろん、人影もない。奥さんが「あんたが土産物を買いすぎたから」と、少し険しい口調でご主人に言う。見ると大きな荷物を抱えている。これを背負ってあの山道を上り、お参りするつもりのようだ。口出しは控えたが、山道の厳しさを思い知ることになるだろう、と少し同情しながら駅舎に向かった。

第二十八番札所　大日寺《だいにちじ》

奥の院の爪彫薬師堂とともに栄える◆法《ほう》界山《かいざん》　高照院《こうしょういん》◆二〇一八年十一月十日

重そうな荷物を背にして、神峯寺へと歩き始めた中年夫婦を見送った後、人気のない待合室のベンチに座りスマホで撮った写真を確認。あまり満足できるものではないが、カメラを家に忘れた報いと諦める。発車時刻は十二時十七分。二時間近くある。駅舎から外に出てみると、空は澄みわたり、心地よい風が頬をなでる。眠気さえ感じるほど静かな雰囲気だ。二度と訪れる機会もないだろうと思い、周りを歩いてみた。

ビニールハウス畑が広がり、その先に民家が密集している。国道55号線の向こう側の太平洋は果てしなく広がり、陽光を受けてきらめいていた。しばらく散策。駅舎に戻ると、一両の列車が時刻通りに近づく。乗客は、年配の男性と中年の女性だけであった。

十三時三十三分、一時間あまりで「のいち駅」に着く。野市町は平成十八（二〇〇六）年に市町村合併によって香南市となった。その中心にある駅だけに周辺は建物も多く、駅舎も高架になっている。駅の構内は道の駅のようで地元の名産品が販売されていた。弁当コーナーで一個残っていたカマスのお寿司を買い、ベンチで遅い昼食をすませる。弁当が売り切れたので、販売員の女性たちが帰り支度を始めた。彼女たちに大日寺への道順を尋ね、駅舎の左側の出口を出る。お寺までほぼ二キロ。三十分の予定で歩き始める。

道沿いには民家が並び、図書館などもあり、やがて三差路に差しかかる。ここから烏川沿いの県道22号線を歩いていくと、ランの花を栽培している農家などを見かけた。

三十分近く歩いた頃、駐車場とお寺の案内板が見えた。その先にこんもりとした山へ向かう古い石段がある。それを上ると、「大日寺本舗」と書かれた遍路用品が売られている建物の横に出た。道路を挟んで石段が見える。その石段を上っていくと、途中にお寺の名前

樹木に囲まれた山門

が書かれた山門があった。仁王様はいなかった。

石段をさらに上っていくと左手に鐘楼、その先に、正面の本堂を挟むようにして、右に六角堂、左に大師堂が鎮座する。大師像は土佐藩主・山内忠義が寄進。普段は大師像を拝顔できるが、この日は扉が閉まっていた。正面奥の本堂は、平成九（一九九七）年に再建。釘は使わず、木組みだけでできている。土曜・日曜のみ、本堂の外陣から参拝できる。

ご本尊は、木造大日如来坐像で高さは約百四十五センチ。後背がなく、頭には冠の代わりに十の小さな座像仏が載る。檜の寄木造りで、全身が漆黒である。行基の作と伝えられるが、その技法などから平安後期の作と判定されている。脇仏の木造聖観音立像は、檜の一木造りで着色はなく素地である。高さは約百七十二センチ。智証大師の作と伝えられ、やはり平安後期に造られたとされる。二体とも非公開で、国の重要文化財に指定されている。

寺伝によると、天平年間（七二九～七四九年）に聖武天皇の勅願によって行基が大日如来像を刻み、お寺を建立された。その後、お寺は荒廃したが、空海が弘仁六（八一五）年にこの地を訪れ再興。楠の大木に爪で薬師如来像を刻み、この地を霊地と定められた。

戦国時代には長曾我部元親の信仰も篤く、江戸時代には土佐藩主・山内忠義の崇拝も受けて土佐藩の祈願所となり栄えた。明治初期の神仏分離令で廃寺となるが、地元の人たちは大日堂と改称しご本尊を安置し、守り続けた。その後、明治十七（一八八四）年になり、

鐘楼

平成になり再建された本堂

奥の院の爪彫薬師堂

お寺は再興された。我々が目にするお堂などは、それ以降に建てられたものである。

山門から二百メートルほどのところに「爪彫薬師堂」がある。大師が爪で薬師如来を彫りつけた楠が明治の初めに台風で倒れた跡地にお堂を建て、霊木として安置したという。

この霊木は頭や眼、耳、鼻、顔など首から上の病に霊験あらたかとされ、ご利益を授かると穴の開いた石を奉納する風習がある。そのため、お堂の周りにはおびただしい数の穴の開いた石が山積みとなる。老朽化が進み、平成二十六（二〇一四）年に建て替えられた。

かたわらには「大師の御加持水」と、古くから尊ばれてきた霊水がこんこんと湧き出ている。渇水期にも涸れることはないといわれ、平成二（一九九〇）年には土佐の名水40選に

土佐の名水にも選ばれた大師の御加持水

も選ばれている。

納経所に立ち寄り御朱印を頂く。来たときと同じ道順をたどって「のいち駅」まで戻った。十五時四十九分発の列車で高知駅に向かい、後免駅で乗り換えて十六時二十二分着。はりまや橋近くのデパートの地下で、缶ビール一本と一つだけ残っていた弁当を買って、昨夜泊まったホテルへ。

ラブホテルなので多少気が咎めるが、誰とも顔を合わせずに部屋に入れるのは気楽である。掃除やベッドメイクも行き届いており、快適であった。特にジェットバスが気に入った。二人用になっているのか浴槽も広く、両サイドから足全体に気泡をあてると、疲れがとれるような気がした。

第三十一番札所　竹林寺《ちくりんじ》

国の重要文化財文殊菩薩《もんじゅぼさつ》がご本尊◆五台《ごだい》山《さん》　金色院《こんじきいん》◆二〇一八年十一月十一日

ジェットバスのおかげか、気持ちのよい目覚めとなった。いつものように四時にベッドから出て昨日の行動を記録し、今日のお参りの準備を整える。

昨夜、近くのコンビニで買っておいたパンとコーヒー牛乳、ヨーグルトで朝食をすませ、七時にホテルを出た。この時間になると人通りも増え、ウォーキングスタイルで川沿いの歩道を歩く人も見かける。鏡川の川面を渡る風は冷たく、歩いている人たちは厚手のものを身に付けている。

昨日と同じように電車の軌道沿いの歩道を歩き、二十分ほどで高知駅前広場に着く。今日は土曜日なので、ウォーキングスタイルの人たちが広場に大勢集まっている。MY《まいゆう》遊バスのバス停に向かう。これは市内の観光スポットを巡る周遊バスだ。予定通り八時にバスが来る。乗車券は一日券で千円だ。竹林寺まで三十分ほどで着くので、少しもったいない気もしたが仕方がない。

はりまや橋を過ぎ、国分川に架かる橋を渡ると、五台山の山道となる。車一台がようやく通れるほどの狭い道を曲がりくねりながら走り、五台山展望台、牧野植物園前を経て竹林寺前停留所に到着。バスを降りたが、どこにお寺があるのかわからず戸惑っていると、運転手さんが車から降りてきて、わざわざ山門の手前まで案内してくれた。

目の前にあるのが宝物館。倉庫のようだが、鎌倉時代の作とされる大日如来坐像や十一面観音立像をはじめ、重要文化財に指定されている十七体の仏像が安置されている。撮影禁止であったが拝観はできた。その近くに鐘楼、虚空蔵菩薩堂がある。正面に納経所があり、その背後に、参拝に来る土佐藩主を接待するために、江戸時代後期に建てられた書院があ

文化13（1816）年に建立された書院

る。母屋は入母屋造り、玄関は切妻造りで趣がある。国の重要文化財に指定されている。

この書院の北側と西側に美しい庭園が広がっている。鎌倉時代後期に、禅の高僧・夢窓国師が土佐の五台山の麓に草庵を結ばれ、北側には山や周りの小道を取り入れた庭、西側には中国の廬山を模して静かな雰囲気が漂う庭を造られたという。国の名勝として指定されている。

ここで山門へと引き返した。山門は入母屋造りで、一対の迫力のある仁王像が待ち構えている。山門をくぐり、参道の先にある石段を上ると、両手を合わせた善財童子像が立っていた。平成二十六（二〇一四）年、ご本尊の御開帳を記念して建てられたもの。善財童子は文殊菩薩の侍者の一人で、文殊菩薩の教えを受け、五十三人の師を訪ねて善知識を聞き、開眼したといわれる。これが後に東海道五十三次の宿場の数のもとになったという。案内板には「石座に上がり、頭をなでると仏の徳がある」と書かれていた。

その後ろに大師堂がある。寛永二十一（一六四四）年に土佐藩主・山内忠義によって建立された。正面の長押には、昔、遍路旅をした人が巡礼の証とした、木札が多く打ちつけてある。本堂に比べると簡素な作りだが、大師像を拝観できた。

その近くに総檜造りの五重塔がそびえている。かつては三重塔だったが、明治三十二（一八九九）年、台風によって倒壊。昭和五十五（一九八〇）年、鎌倉初期の様式を持った五

文殊菩薩が祀られている本堂

重塔として再建された。総檜造りで高さ約三十一メートル。インドのブッダガヤからの要請を受けて、塔内には仏舎利が納められている。一階には胎蔵大日如来が祀られている。

本堂は、入母屋造りで屋根は柿葺きである。細部にわたって禅宗様建築の意匠が用いられており、はっきりしたことはわからないが、室町時代の建立と推定されている。

ご本尊は「智慧の仏様」「三人寄れば文殊の知恵」などといわれる文殊菩薩である。そのため、本堂は「文殊堂」とも呼ばれている。ご本尊は四人の侍者を従えて獅子に乗っており、五十年に一度しか御開帳されない秘仏である。

伝承によると、神亀元（七二四）年、聖武天皇が唐の五台山で文殊菩薩に会った夢を見て、行基に五台山に似た山を探すように命じられた。行基は各地を旅し、土佐の国のこの地が霊地であると感じとられた。そこで栴檀《せんだん》の木に文殊菩薩を刻まれ、山の上にお堂を建て、この像を安置された。八一〇年頃に空海がここに滞在され、瑜伽《ゆが》行法を施し、荒廃したお堂を修復したとされている。ただ、実際の創建年代についてははっきりしない。

焼失したり復興したりを繰り返し、明治初期の廃仏毀釈で衰退したが、明治三十年代に再興。このときの住職、船岡芳信にちなんだ船岡堂が本堂の奥の院として建てられた。ご本尊は不動明王である。和尚の遺言で遺骸を納めた瓶が埋蔵されている。余命いくばくもないことを悟った和尚が、空海の入寂にならいこの寺にとどまり、人々を救済したことか

願いを叶えてくれる五智如来像

ら、米一升を供えて祈願すると一生に一度願いを叶えてもらえるという言い伝えがある。

この他、本堂に向かって右から奥に進むと鳥居があり、その先に千手観音をご本尊とする歓喜天堂（聖天）がある。商売繁盛、夫婦円満などのご利益があるという。

大師堂の右裏手にある一言地蔵には、たくさんのこけしの地蔵が奉納されていた。五智如来石像は立体曼荼羅ともいわれ、大日如来の悟りの世界を表現している。この像の前に立つと願いが叶うといわれる。竹林寺は、修行僧の純信《じゅんしん》と鋳掛屋の娘のお馬の悲恋物語を歌った、高知県の有名な民謡「よさこい節」の舞台としても知られている。

五台山全体に石仏が点在しており、たどっていくと十キロほどになるという。

奥の院、船岡堂

第三十二番札所　禅師峰寺《ぜんじぶじ》

奇岩霊岩が林立する◆八葉山《はちようざん》　求聞持院《ぐもんじいん》
◆二〇一八年十一月十一日

竹林寺から第三十二番禅師峰寺まで五・七キロ。五台山を下るとあとは平坦な道なので、一時間半の予定で歩き始める。バスで来た道を横断すると、五台山の南側に森の中へ下る古い石段がある。昔ながらの遍路道といった風情が残る不規則な石段だ。左の目の調子が悪いのでおぼつかない足取りで、体のバランスに気を配りながら下る。

五台山小学校の校庭まで来ると、眼下に広い道が見える。さらに石段を下り、車の通る道に出る。下田川にかかる橋を渡り、潮の満ち引きに備える調整遊水池沿いの道を歩く。日差しが強く、背中が汗ばみ始める。

お寺を出てから一・九キロ地点に差しかかると、高速道路に沿った昔ながらの道になる。山陰に軽ワゴン車が一台止まっていた。その後方にはパラソルやテーブル、椅子が並んでいる。「お遍路さん。ちょっと休んでいきませんか。お遍路さんを接待するのが楽しみで毎日来ています。熱いお茶？　それとも冷たいのがいいですか」と声をかけられる。ありがたく冷たいお茶のお接待を受け、喉を潤す。その人は八十五歳の男性で、五千人以上の遍路と話をしたという。私も十分ほど話を聞かせてもらい、お礼を言って歩き始める。

道は県道２４７号線と合流する。高架下を通り、まっすぐ南に向かって歩く。バス停があると、つい時刻表を覗き込んでしまう。道筋から少し離れたところに幕末の志士、武市半平太の旧宅があった。だが今はただ禅師峰寺へ歩くだけで精いっぱい。寄り道をする心の余裕はない。石土トンネルを通り抜けると、高知市から南国市へと市の名前が変わる。

神母神社前を通り過ぎ、やがて石土池という大きな池に出くわす。石土神社まで来ると広い道に合流。その道を池沿いに左に曲がると道幅は狭くなり、案内標識を頼りに右に左にと路地のような道を歩く。

小高い山の麓まで来ると、道路の脇に「禅師峰寺への遍路道」の表示があった。本堂まで三百四十メートル。標高八十二メートルの峰山の山頂にあるお寺まで、あと十分ほどだ。一息入れて、山道を上る。

道が分かれており、右に行くと庫裏《くり》と納経所がある。とりあえず納経所に寄り納経をすませ、写真撮影の許可をもらう。同じ道を山門まで引き返す。仁王像は国の重要文化財だが、不在であった。というのは、海風にさらされて色褪せてしまい、現在は収納庫に移されているからだ。仁王門に一礼して、周りのごつごつした奇岩を眺めながら、参道となっ

奇岩の前に立つ迫力満点の不動明王

素朴な大師堂

ている石段をゆっくり上る。途中に、屏風岩と呼ばれる奇岩をバックに立つ、不動明王があった。この不動明王は「峰寺の不動さん」としても知られており、一心に願えば何でも叶えてもらえるという。さらに石段を上ると、右手に鐘楼があり、この奥に本堂がある。

寺伝によると、聖武天皇の勅命を受け、神亀《じんき》年間の七二五年頃、行基がお堂を建てたのが始まりとされている。その後、空海がこの地を訪れ、奇岩霊石が林立する様や、観音の浄土仏教の理想とされた天竺の補陀落山《ふだらくさん》の八葉の蓮台（仏様が乗る台）に似ていることから、霊場とした。空海はここで虚空蔵求聞持法《こくうぞうぐもんじほう》の修行をされ、海上安全を願って十一面観世音菩薩を刻み、ご本尊とされたという。これらのことから、寺名を八葉山求聞持院禅師峰寺と定めた。

このお寺は標高八十二メートルの小高い峰山の頂上にあり、「みねんじ」「みねじ」と呼ばれている。海の男たちの信仰を集め「船魂《ふなだま》の観音」とも呼ばれる。土佐藩藩主が参勤交代で江戸へ向かう際に、このお寺で航行の安全を祈願したという。本堂の左手に大師堂がある。素朴な建物だ。その奥に地蔵堂と阿弥陀堂がある。鐘楼の後ろには「潮の干満岩」がある。潮の満ち引きによって、岩のくぼみの水の水位が変わるという不思議な岩だ。

この日はよく晴れていた。境内からは土佐湾を一望できる。はるかに見える銅像は、坂本龍馬像だろうか。帆船がゆっくりと西に向かっていた。雄大な海の景色を堪能し、山門に一礼して第三十三番雪蹊寺《せっけいじ》へと向かう。

第三十三番札所　雪蹊寺《せっけいじ》

戦国の武将長曾我部家の菩提寺◆高福山《こうふくざん》
◆二〇一八年十一月十一日

禅師峰寺から雪蹊寺まで七・七キロ。二時間を予定する。先ほど上ってきた遍路道を下り、西の方角に向かって歩く。昔ながらの農家が建ち並ぶ。案内標識に従って歩いていくと広い埋め立て地に出た。工場や倉庫が見えるが、無機質な雰囲気だ。お寺を出て二・九キロ地点で県道376号線と交差する。右手には大平山トンネルの入り口が見える。先ほど乗ってきたMY遊バスが走っている。あの道がもともとの遍路道だったようだ。何か無駄なことをしているような思いにとらわれ、歩くのが嫌になってきた。交差点の角に民家があり、前にベンチが置かれている。「少し休ませてください」と断って、座らせてもらう。ついでにタクシーが通らないか尋ねてみたが、この辺りでは見かけないという。

バスも通らず、タクシーも拾えないとなると、歩き続けるしかない。何の変化もない埋め立て地を歩くのは味気ない。ときどき後ろを振り返ってタクシーを探すが、通るのはトラックや商用車ばかり。昼時を過ぎ、腹も減り、ますます歩く気力がなくなる。

さらに二キロほど歩いたところで大きな食堂を見かけた。「うどん」と書かれた暖簾が下がっている。やれやれ。駐車場には観光バスが十台近く止まり、大勢の人が出入りしている。店の人に「席は空いていますか」と問うと「今日は予約で満席です」と断られる。いっそう気持ちが沈む。だが幸いにも、近くにコンビニがあり、パンと牛乳を買えた。

海側には松林が広がり、鰹の看板がかかった店もあった。やがて浦戸大橋の橋脚が見え、急勾配の橋の上り口にさしかかる。歩道はあるが、その幅は七十五センチほど。普通の歩道より一段高くなっていて、高欄と頻繁に通る大型車に挟まれるようにして歩く。以前はもう少し交通量が少なく、橋の上から風景を楽しみながら歩けたように思う。

青い空と海が一体となった土佐湾

上るときは排気ガスと車の風圧に悩まされたが、下りは自然に体が前のめりになり、小脇に抱えていた金剛杖が車に接触しそうで緊張する。ようやく橋の終点にたどり着く。お寺を出てから六・三キロ地点。左に道を曲がれば桂浜だが、雪蹊寺は反対側だ。以前はこの地点で勘違いして広い県道に出てしまい、遠回りをした。なので慎重に道を選んだつもりだったが、やはり道を間違え広い県道に出てしまった。気持ちを落ち着かせようと藤棚のある公園のベンチに腰を下ろし、先ほど買ったパンを口にする。疲れがたまっているせいか食欲もない。あとで考えると空腹は疲れを呼ぶようだ。歩き遍路旅には空腹は禁物だ。

地図を見ると、遍路道はかなり離れた北側のようだ。道を尋ねたくても、人影はない。仕方なく適当に道を選び、北の方角に向かって歩き始めた。スマホを使いこなせないのが情けない。民家の間の狭い道を通り抜け、どうやら県道34号線に出られた。スマホで調べてみると間違いない。そのまま直進すればよいようである。

かなり遠回りをしてしまった。山沿いの道はやがて新川川《しんかわがわ》にかかる橋になる。橋を渡り終えたところで雪蹊寺への案内板を見つけ、階段を下りた。

道路に面して石段がある。山門はなく、お寺の名前のみが刻まれた石柱があった。

境内に入ると、修行大師の足元に露店が出ており、ミカンや土産物など、地元の名産品が売られていた。これまで境内でこの手の店を見た記憶はない。その背後に茶色い壁の

石柱門が立っているだけの山門

「通夜堂」があった。これは遍路旅をする人のための無料宿泊施設である。近年遍路の道徳観念が薄れ、この施設も存続が危ぶまれているという。

この露店の後ろには第十八代住職山本玄峰《やまもとげんぽう》老師の胸像がある。老師は若い頃に眼病の平癒祈願のために四国遍路旅に出たが、このお寺の前で行き倒れになり、太玄《たいげん》和尚に助けられた。玄峰はここで出家し、後に昭和の傑僧と呼ばれるようになる。隣にある太玄塔は、その玄峰を助けた第十七代住職山本太玄《やまもとたいげん》和尚を称えて、玄峰が建てたとされる。

また土居保夫妻の墓碑もある。土居保は高知城下で日根野道場の師範代をしており。坂本龍馬を指導し、剣の道だけではなく人間形成にも大きな影響を与えたという。

土居夫妻の墓碑周りには水子地蔵がある。その他、安産子安地蔵堂や赤い鳥居が鮮やかな正一位稲荷大明神、風格のある鐘楼があった。手洗舎の背後に馬頭観音堂がある。馬頭観音は旅の安全を守るもので遍路の信仰が厚い。天井には松洞庵・横井五仙による天女絵が描かれている。正面に本堂がある。平成十六（二〇〇四）年に改築された。

寺伝によると、このお寺は空海によって開かれ、当初は真言宗で「少林山高福寺」と称していた。その後寺名を「慶雲寺」と改めたと考えられている。この寺に、鎌倉時代の高名な仏師、運慶とその長男の湛慶《たんけい》が訪れ、運慶はご本尊の薬師如来像と脇侍の日光・月光菩薩像を、湛慶は毘沙門天とその両脇侍像を作ったとされる。そのため、「慶運寺」と名乗ったとする説もある。その後、寺は寂れて廃寺となった。

天正年間（一五七三〜一五九二年）の後期に、月峰《げっぽう》和尚が住職となり、土佐の戦国大名長曾我部元親の支援を受けて、臨済宗の寺として復興した。後継者の四男盛親が長曾我部家の菩提寺とし、元親の法名を「雪蹊寺」と改めた。江戸時代初期には「南学発祥の道場」といわれ、天室僧正が朱子学南学派の祖として活躍し、野中兼山などの儒学者を輩出した。明治時代の廃仏毀釈によってまた廃寺となったが、前述の太玄和尚によって再興された。

本堂の背後には霊宝殿があり、ご本尊の薬師如来をはじめ、日光・月光菩薩像、毘沙門天像、吉祥天女像、善膩師童子《ぜんにしどうじ》像など、重要文化財が十六体納められている。

1977年に改築された風格のある鐘楼

2004年に改築再建された本堂

第三十四番札所　種間寺《たねまじ》

底なし柄杓《ひしゃく》で安産祈願◆本尾山《もとおざん》　朱雀院《すざくいん》◆二〇一八年十一月十一日

雪蹊寺から種間寺まで六・四キロ。平坦な道なので二時間足らずで着きそうだ。しかし時計を見るとはや十五時三十分。納経所の受付終了時間の五時には到底間に合わない。仕方なくタクシーを利用することにした。タクシーは五分で来てくれた。

お寺の前の道を右に曲がり、新川川沿い県道２７８号線を走る。やがて「切通し道」の峠を越えると山沿いに田んぼが広がる。その中を二車線の広い道が続く。どこまでも同じような景色が続く。やがて左手に「種間寺」の道路標識が見えた。山門はなく、左右に石柱が立ち、修行大師像が迎えてくれる。境内に入ると、左手に子安観音堂がある。このお寺は「安産の薬師さん」として知られ、観音様の左手には幼子が抱かれている。その周りにある柄杓《ひしゃく》は「底なし柄杓」といわれ、妊婦が安産祈願をする。これをお守りとして持ち帰って床の間に飾り、安産が叶うと、観音堂にその柄杓を奉納する。底がないのは「産道の通りがよくなるように」という意味だとか。

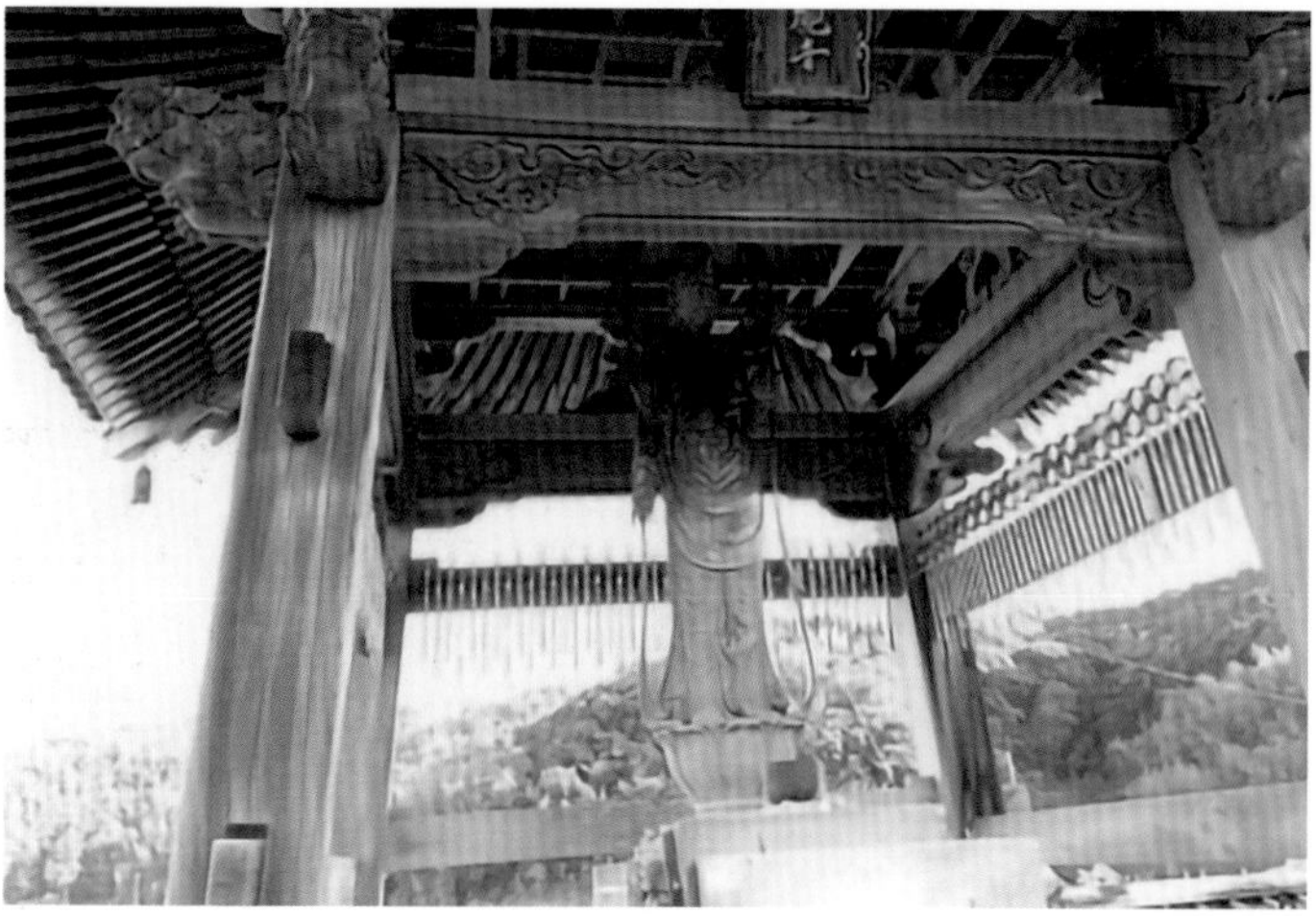

幼子を抱く観音様

安産祈願の底なし柄杓

重厚なたたずまいの大師堂

モダンなデザインの本堂

本堂はコンクリート造りのモダンなデザインで開放的な雰囲気。百済の仏師が彫ったとされる薬師如来坐像が祀られている。この薬師如来は木造で漆箔が施され、平安時代後期の作とされる。国の重要文化財に指定されている。普段は拝観できないが、毎年三月八日、一般に御開帳される。脇侍の日光・月光菩薩立像と不動明王立像はいつでも拝観できる。

本堂に並んで大師堂が建っている、

寺伝によると、用明天皇時代の五八五年頃、大阪の四天王寺を造営するために来日した百済の仏師たちが、帰路、航海中に暴風雨に遭い、種間寺の建つ本尾山近くの秋山の港に漂着した。彼らが航海の安全を祈願し、薬師如来坐像を刻んで、本尾山の山頂に祀ったのがお寺の始まりとされている。

その後、二百年ほどの月日が流れ、唐から帰朝した空海がこの地を訪れ、この薬師如来像をご本尊としてお堂を建立し、お寺を開創したという。その際空海が唐から持ち帰った米や麦、粟などの五穀の種を境内に蒔かれたことから、種間寺という名前が付けられた。天暦年間（九四七〜九五七年）に村上天皇から「種間」の勅額を下賜され、江戸時代には土佐藩主・山内氏の信仰も厚く栄えた。しかし、明治初期の神仏分離令により廃寺となり、明治十三（一八八〇）年に再興された。

笑顔の大黒様

本堂には大黒天（さわり大黒）が鎮座している。欅《けやき》の寄木造りで身の丈百センチ、全長百五十センチ。平成二十（二〇〇八）年に開眼したもので、当時の住職が「お遍路さんや参拝の方々に触って頂いて色艶が出るほうがよい」とされ、彩色は施さず素地で仕上げられた。お寺の特色を出すために「抱き稲に種」という紋を、この大黒天のために作られたという。少し手垢で汚れているのは、その趣旨に沿って参拝者がなでているからだろう。

十六時三十分、駐車場で待機してもらったタクシーに乗る。運転手が「あの山を越えると少し遠回りにはなるのですが、バス路線になり、そこからはタクシー運賃もバス料金と同じになります」と教えてくれた。ありがたく従う。あまりなじみのない道を走り、小さ

由緒ある手水鉢

な峠を越えると二車線の道路に出る。すると運転手は、トランクからシートを取り出して車の側面に張る。その先はバスの停留所のある道を曲がりくねりながら進む。聞くと、停留所にお客さんがいれば乗せ、四人まで相乗りする、という説明だった。小さな集落を回りながら、四十分ほどかけて春野のバス停に着いた。料金は雪蹊寺から種間寺を経てバス路線までが二千三十円、その先のバス路線は三百円。合計二千三百三十円を支払う。かなり割安な料金のようだ。高知県の過疎対策事業の一環なのだろう。

　春野のバス停で五分ほど待ち、南はりまや橋へ向かうバスに乗る。昨日と同じくデパートに寄り、地下の食料品売り場で残り少なくなった弁当を買ってラブホテルへ。

第三十五番札所　清瀧寺《きよたきじ》

厄除薬師如来が迎えてくれる◆醫王山《いおうざん》鏡池院《きょうちいん》◆二〇一八年十一月十二日

愛のベッドが備えられているこの部屋にもすっかりなじみ、心地よい朝を迎えることができた。六時十分にホテルを出る。今朝はかなり冷え込んでいるので、長袖シャツに少し厚めのウインドブレーカーを着込んだ。持ち物は、納経帳とスマホを入れた頭陀袋のみにする。朝のこの時間帯は、はりまや橋辺りも人通りは少ない。小さな赤い橋を渡りながら、今日も無事にお参りできますようにとお祈りする。

高知駅バスターミナル六時四十一分発の、宇佐高岡線のバスに乗るつもりだったが、バス停がどこなのかわからない。通りがかりの人に教えてもらい、駅の裏側のバス停に行く。そこに停車していたバスの運転手に「高岡高校通に行きますか」と聞くと、「他のバス路線のことは知らない」とつれない返事。するとすぐ前のバスが発車した。それが私が乗ろうとしていたバスだった。

気落ちして、待合室でしばらく様子を見る。二人連れの女性がやってきたので聞いてみると、次のバスは二時間ほど後になるという。そして、はりまや橋まで行けばあちら方面へ行くバスがある、と教えてくれた。気を取り直してはりまや橋まで電車で引き返し、どうにか七時四十一分発のバスに乗車できた。あの運転手の態度に割り切れない思いが残ったが、楽しくお遍路するために、不快感を振り払うよう努めた。

バスは四十分ほどで「高岡高校通」というバス停に着き。通りがかりの人に清瀧寺への道を尋ねると、山の中腹にあるお寺だと教えてくれた。広い国道56号線を引き返し、側道に沿った道を歩き、両側に歩道のある広い二車線道路に出た。周りに工場のような建物はあるが、一面に田んぼが広がっている。やがて高速道路の高架下を抜けると、水路沿いの

あの山の中腹に清瀧寺が鎮座している

田舎道になった。そして麓に民家が並ぶ小高い山の中腹に、清瀧寺が見えた。

山に向かって少し歩いていると「四国第三拾五番霊場醫王山清瀧寺」と書かれた石柱があり、これがお寺への入口になる。道幅は狭く、車一台がようやく通れるほどだ。ところどころに待避所はあるが、急なカーブで路面もかなり破損している。車でお参りする人にとっては難所のようだ。

やがて「八丁坂」といわれる急勾配の石段を上り始める。参拝者を和ませるため、石段に沿って一丁ごとにお地蔵さんが置かれている。それが八つあることから、この坂の名前があるという。坂の途中に仁王門がある。ここには、八方にらみの龍の天井絵があった。これは明治三十三（一九〇〇）年に仁王門が

緑に包まれた仁王門

建立されたときに、画家久保南窓《くぼなんそう》が奉納したものだ。だが、現在はこの絵は収蔵庫に保管されている。

仁王様に挨拶して、さらに石段を上り、ようやく境内に入る。参道の右側には庭園があり、鐘楼が見える。境内の真ん中には高さ十五メートルの大きな厄除け薬師如来像が立ち、参拝者を迎えてくれる。その台座にある「胎内くぐり」という入口から中に入り、戒壇巡りをすると、厄除けのご利益があるといわれる。入口には白い矢印があるが、中は真っ暗である。手さぐりで恐る恐る壁沿いに百八段の狭い階段を下りると、祭壇の明かりが見える。「おん　ころころ　せんだり　まとうぎそわか」と真言を唱えながら、暗闇の中を引き返す。「胎内くぐり」から出て、左側にあ

参拝者を出迎える薬師如来像

る石段を上り、本堂にお参りをする。

　このお寺は、養老七（七二三）年、行基がご本尊の薬師如来を刻み創設したとされる。当時は「景山密院繹木寺《けいさんみついんたくもくじ》」と称した。その後、空海が修行のためにこの地を訪れ、五穀豊穣を願って山の中で七日間の修行を行い、満願の日に金剛杖で祭壇をつつくと、清水が湧き出て鏡のような池になった。このことから「醫王山鏡池院清瀧寺」と改称されたという。

　また、このお寺は真如《しんにょ》の生前墓、逆修《ぎゃくしゅう》塔があることでも知られている。真如は空海の十大弟子の一人で、平城天皇の第三皇子・高岳《たかおか》親王である。高岳親王は政変によって出家し、真如と名乗った。貞観三（八六一）年にこの寺を訪れた際に、墓を建てられたといわれている。その一帯は「入らずの山」として立ち入りは禁止されている。

　江戸時代には栄えたが、明治初期の廃仏毀釈で廃寺となった。明治十三（一八八〇）年に再興され、厄除けの名刹《めいさつ》として信仰を集めるようになった。

　本堂の裏の斜面には仏像収納庫があり、ご本尊の薬師如来立像や日光菩薩、月光菩薩、十二神将などが納められている。本堂の右側には子安地蔵尊、琴平社祠がある。斜面には奥の院の閼伽井《あかい》を水源とした瀧が流れている。今は人工の瀧となっているようだ。

　本堂に並んで護摩堂と大師堂がある。屋根の曲線が美しい。もともと本堂と大師堂は別々の建物だったが、先代の住職が護摩堂を設置し、三つの建物が回廊でつながった。

見事な彫刻が施されている本堂

回廊で本堂とつながる大師堂

第三十六番札所　青龍寺《しょうりゅうじ》

空海が唐から投げた独鈷杵《どっこしょ》が落ちた◆独《どっ》鈷山《こうざん》　伊舎那院《いしゃないん》◆二〇一八年十一月十二日

清瀧寺から青龍寺まで約十四・五キロ。遍路道にはいくつかの難所があり、歩くと四時間半ほどはかかる。そこで、「高岡高校通」九時五十五分発の土佐ドラゴンバスを利用することにした。

ドラゴン広場の中に入ると地元の特産品が売られ、魚店や野菜ソムリエの店などがある。ベンチも置かれていて、一休みできるようになっていた。観光案内所でバス停を尋ねると、この裏の土佐市役所の前にドラゴンバスの停留所があるという。

市役所に向かうと、通りは工事中であった。そこにいたガードマンが、目の前のバス停の時刻表を見て、次のバスは十時五十分と教えてくれた。三十分ほど余裕があるため、ドラゴン広場に引き返す。施設の中の休憩所で休んでいると、案内所の女性が「お接待です」と、ジュースと飴玉の入った袋をくれた。

発車時刻が近づきバス停に戻る。先ほどのガードマンが「今通ったバスが引き返してくるので、それに乗れば青龍寺まで行ける」と親切に教えてくれる。五分ほど待つ間にバスは引き返してきた。地元の人らしい人が五人ほど乗っているだけだった。料金はどこまで乗っても三百円という。ここでも過疎地対策が行われているようだ。

バスは繁華街を通り、波介川《はげがわ》沿いの県道新居中島線を走る。小さな集落ごとに停車し、池の浦という集落に近づくと、美しい土佐湾を望めるようになる。

バスは黒潮ラインと名付けられた海岸沿いの道を走り、六百四十五メートルの宇佐大橋を渡り、さらに宇佐湾沿いを走る。美しい竜の浜（ドラゴンビーチ）では、さまざまマリンレジャーが楽しめるようだ。その一角に土佐龍温泉があり、「竜」という名前のバス停

長い階段を上り山門へ

に到着。十一時半であった。

「三陽荘」という大きな温泉付きのホテルを横目で見ながら、一キロほど湿地帯沿いの道を歩くと、その先に第三十六番青龍寺があった。わかりやすかった。

境内は小高い山になっていて、麓段、中段、上段と三段に分かれている。

一段目の麓段には、駐車場に面して納経所がある。その背後には空海の唐での師、恵果《けいか》和尚を祀る、恵果堂がある。その奥には方丈といわれる門構えの僧坊がある。鐘楼門があり、一歩中に入ると、きれいに手入れされた中庭や客殿、護摩堂や多宝塔がある。

納経所に引き返し、本堂に向かって石段を上り始める。途中に山門、恵果和尚の墓、弁天堂、滝行の滝があり、その左手に色鮮やかな三重の塔がある。これが中段である。

山門からさらに百七十段もの階段を上り、本堂のある上段へ向かう。この上段は「如意山」といわれ、本堂の他、大師堂、薬師堂などがある。

寺伝によると、このお寺は弘仁年間（八一〇〜八二四）年に空海によって開かれたとされる。

空海は唐の青龍寺で、恵果和尚より真言密教の奥義を学ぶ、帰国の際に、空海は縁のある土地に落ちるようにと祈願され、独鈷杵《どっこしょ》という仏具を東の方角に向かって投げられた。帰国後、その独鈷杵がこの地の山中の松の木に刺さったと感じとられ、嵯峨天皇に奏上さ

色鮮やかな三重の塔

れた。弘仁六（八一五）年、師の恵果和尚を偲び、唐の青龍寺と同じ名前のお寺を建立されたという。

ご本尊は波切不動明王で、空海が乗っていた遣唐使船が暴風雨に見舞われたとき、不動明王が現れて剣で波を切り船を救った。そのお姿を刻んだものとされている。今も航海の安全や大漁を願う漁業関係者などの信仰を集めている。

奥の院の「独鈷山不動堂」は空海が投げた独鈷杵が刺さった場所とされている。青龍寺から南東へ八百メートル、太平洋に面した断崖絶壁の上にある。暴風雨を鎮めてくれた波切不動明王が祀られているが、今回は参拝できなかった。

如意山にある本堂

本堂の前でにらみを利かせる不動明王

ご本尊は秘仏だが、本堂には国の重要文化財に指定されている、愛染明王坐像が安置されている。家庭円満や縁結びにご利益があるという。

本堂の左側には大師堂がある。大師像は拝観できたが、スマホでは撮影できなかった。本堂の右側には薬師堂がある。大師堂、本堂、薬師堂と並ぶ、このお堂の配置は唐の青龍寺と同じといわれている。本堂の前では波切不動明王の石像がにらみを利かせていた。

その他四国八十八ヵ所の写し石仏がある。二つ目の石柱門の辺りから始まり、車道脇の参道から境内へと続く。本堂の前には三十六番の石仏がある。また大師堂の前には三十三観音の石仏がずらりと並んでいる。

お参りをすませたが、バスの出発まで少し時間があった。駐車場のベンチで撮った写真を確認していると、三十歳前後の女性が近づいてきた。ここに来るときバスの中で見かけた人だった。これから近くのホテルに泊まり、明日は今治のお寺のお参りをするという。少し無理な行程だとは思ったが、話は面白く、待ち時間を退屈せずに過ごせた。

ドラゴンバスは予定通り十四時に「竜」のバス停に来る。そのままＪＲ「いの駅」まで乗り、ＪＲ高知駅へ。例によって、はりまや橋のデパ地下で夕食を買い込み、ラブホテルへ。この部屋も今夜でお別れである。少し名残惜しい。

第三十七番札所　岩本寺《いわもとじ》

見どころは絵柄が珍しい華やかな天井絵
◆藤井山《ふじいざん》　五智院《ごちいん》◆二〇一八年十一月十三日

朝目が覚めると、まず日記と写真の整理を終え、ベッドを整える。毎日ホテルのスタッフがきちんと清掃してくれたが、海外旅行をしていた頃の習慣で、忘れ物がないか隅々まで確認しながら自分なりに部屋を整える。

「四日間お世話になりました」と声をかけ一礼する。二度と訪れることもない、と思うと少しばかり感傷的になる。

誰とも顔を合わせることなく、堤防に面した出口から外に出る。早朝五時はまだ暗く、少し寒い。それに小雨が降りそうな気配である。小さな赤い欄干のはりまや橋を渡りながら、高知市にも心の中でお別れの挨拶をする。父親の生まれ故郷ではあるが、特にこみあげるものはなかった。駅前のコンビニで卵サンドとヨーグルトを買い、店内のテーブルで朝食をすませた。

ＪＲ高知駅五時三十九分発の列車が、プラットホームに入ってくる。一両編成の列車は三人の乗客を乗せて出発。次の駅では数名の高校生が、眠そうな顔つきで乗り込む。田園風景の中を列車はゆっくり走る。小雨がばらつき始めた。

七時五十九分、定刻に窪川駅に到着。駅舎にいた人にお寺への道を教えてもらい、歩き始める。古い町家が並んでいる。やがて複雑な五差路の交差点に差しかかる。左手にはJR中村線のガードが見える。そのまま直進、すぐに三差路に出くわす。古い民家が続き、広い駐車場のある古民家カフェの前を通り過ぎる。小さな商店や町家が続く。行き交う車両も多い。それを避けるようにして歩くうちに、駐車場のはずれに出てしまった。

スマホで確認すると、どうやらお寺の前を通り過ぎてしまったらしい。今歩いてきた道

お寺の名前が刻まれた石柱

素朴な雰囲気の大師堂

を引き返す。先ほど車を避けたところがお寺の入口だった。

　このお寺は標高二八〇メートルの高原の町、四万十町の旧市街地の中にある。第三十六番青龍寺から五十八キロも離れていて、歩くと十七時間あまりかかる。そのためこのお寺に宿泊する人も多いと聞く。

　黄色の菊が飾られた石段を上ると、仁王門がある。鋭い眼光の「阿」「吽」の仁王様が、お寺を守っている。仁王門をくぐると、すぐ目の前に手洗場と納経所がある。

　本堂へ向かう参道をはさんで右側に素朴な大師堂がある。二百年ほど前に建てられたもので、境内で最も古いお堂だという。お参りすると大師像を拝顔できる。

　大師堂の前には歓喜天《かんぎてん》堂がある。珍しい木

マリリン・モンローも微笑んでいる天井絵

造の円形の建物である。平成八（一九九六）年に落慶した。ご本尊は大聖歓喜《だいしょうかんぎ》自在天で、歓喜天とも聖天とも呼ばれ、頭は象で体は人間の姿をしている。商売繁盛、夫婦円満、子授け祈願、病悩祈願などのご利益があるとされる。

大師堂の右手に並んで本堂がある。天井には一面に、五百七十五枚もの色彩豊かな絵が飾られている。

この天井絵は、昭和五十三（一九七八）年に本堂が新築された際に、全国の画家や一般市民が描いて、寄贈したものである。作風やモチーフはさまざまで、伝統的な花鳥風月や仏像の他、ヨットや猫、艶やかなマリリン・モンローまでいる。

寺伝によると、天平年間（七二九〜七四九

年）に、聖武天皇の勅命を受けて、行基が七難即滅、七福即生を願って創建した福圓満寺が始まりとされる。当初はここから北西約二キロの仁井田明神の近くにあり、仁井田明神の別当寺であった。その後、弘仁年間（八一〇〜八二四年）に空海がこの地を訪れ、仁井田明神のご神体を五つの社に分け、不動明王、観音菩薩、阿弥陀如来、薬師如来、地蔵菩薩をご本尊として安置された。さらに末寺を建立して札所とされた。これを仁井田五社といい、嵯峨天皇の勅願所として栄えた。

だが天正年間（一五七三〜一五九二年）に、兵火によって衰退。再興の際に、岩本坊として繁栄していた岩本寺に法灯と別当職が遷され、江戸時代には神仏習合の札所として隆盛を極めた。明治初期の神仏分離令により、仁

趣のある鐘楼

井田五社の五つの仏像は岩本寺に移された。それに伴う廃仏毀釈によって、岩本寺は廃寺になったが、明治二十二（一八八九）年に再興されて今に至っている。

このお寺には空海にまつわる七不思議が伝わっている。「安産できる子安桜」、「一年に三度も実がつく三度栗」、「血を吸わなくなった口なし蛭」、「貝が桜色になった桜貝」、「字がうまくなる筆草」、「巻貝の尖った部分を取り除いた尻なし貝」、「泥棒が入らなくなった戸立てずの庄屋」などである。

その他、見るべきものとして、鐘楼、開山堂、水難除けや安産祈願の水天宮などがある。

眼光鋭い仁王様

第三十八番札所　金剛福寺《こんごうふくじ》

補陀落渡海の聖地◆蹉跎山《さだざん》　補陀洛院《ふだらくいん》◆
二〇一八年十一月十三日

岩本寺から金剛福寺まで、遍路道を歩けば八十・七キロ。約二十六時間もかかり、三日ほどの行程とガイドブックなどには紹介されている。前回の遍路旅では途中で二泊し、三日目の夕方、金剛福寺に無事到着した。歩き通して、歩数は十六万九千歩と記録している。八十二歳の今は到底その体力はない。窪川駅から土佐くろしお鉄道で中村駅に行き、その先は高知南西交通のバスを利用して、金剛福寺のある足摺岬へ向かうことにした。

窪川駅に着いたが、発車時刻まで一時間あまりある。そこで先ほど見かけた古民家カフェの駐車場にある、谷干城《たにたてき》の銅像を見に行った。この人は窪川村出身の幕末の志士の一人で、薩摩軍から熊本城を死守した、として知られている。

実は私は、宮崎市内でこの人の孫かひ孫にあたる人と同級生だった。この谷君が病に倒れたとき、きれいなお母さんが看病していたことを覚えている。谷君の墓地は、宮崎市の池のほとりにある。

　こんなわけで、終戦直後に出会った谷君を思い出し、銅像に興味を持ったのだ。カフェの駐車場で、軍服姿の谷干城像を見ながら、谷君を思い、心の中で手を合わせた。

　駅舎に戻り、十時十四分窪川駅発の一両編成の列車に乗り込む。乗客は私を含めて三人だけ。のんびりした気分だ。十一時十一分、中村駅着。足摺岬行きのバスを待つ間に、駅の売店でおにぎりとお茶を買い、待合室で昼食をすませる。バスは定刻に発車。席は半分ほど埋まっている。お互い顔見知りらしく、盛んにおしゃべりしている。申し合わせたように腰が曲がり、小太りで明るく、よく笑う。車内は地元の人たちの社交場と化している。

　バスは小さな集落を回り、乗客の指示する場所にも停車しながら、足摺岬センターに十

四国最南端の札所、金剛福寺

三時三十四分に到着。バスを降りると、少し離れたところに金剛福寺があった。

　このお寺は十二万平方メートルにも及ぶ広大な敷地を誇り、足摺岬を見下ろす丘の上に鎮座している。少し読みづらいが、仁王門には「補陀洛東門《ふだらくとうもん》」と書かれた額が掲げられ、左右に真赤な仁王像が安置されている。仁王門をくぐり抜け、振り返ってみると、ビロウやアコウなどの亜熱帯の植物が生い茂っていた。四国最南端にあるだけに南国ムード満点だ。左手にある手水鉢も、亜熱帯植物に囲まれている。

　本堂の手前で、大師亀が出迎えてくれる。空海が海亀に乗り海上に浮かぶ不動岩に渡って修行した、という伝説に由来している。この亀の頭をなでると幸せが訪れるとされ、頭部がぴかぴかと輝いている。正面左手の水庭園と呼ばれる大きな池には、この大師亀にちなんで亀が住んでいる。

　この池を取り囲むようにして、本堂、大師堂、愛染堂、不動堂、弁天堂、多宝塔などが建ち並ぶ。まずは正面の本堂にお参りする。

　寺伝によると、このお寺は嵯峨天皇から「補陀洛東門」の勅額を賜った空海が、三面千手観世音菩薩を刻み、開創されたという。空海が唐から帰国する際、縁のある土地に届けと独鈷杵《どっこしょ》という法具を投げられ、それがこの地に飛んできた。独鈷杵は金剛杵《こんごうしょ》とも呼ばれ

本堂の前で出迎える大師亀

ることから金剛、観音経の「福聚海無量」から「福」の字をとり金剛福寺とされたという。「補陀洛」とは南の海のかなたにあるとされる観音の浄土で、その浄土を目指して、一人で小舟を漕ぎ出す捨て身の行があった。これを補陀落渡海《ふだらくとかい》といい、和歌山県の熊野と並んで足摺岬がこの聖地とされ、平安時代から江戸時代にかけて、多くの渡海僧が現れた。

足摺岬という地名も、補陀落渡海をする師を見送る小法師が、嘆き悲しんで足摺をしたことに由来する、という説もある。

お寺は歴代天皇の祈願所とされ、源氏一門の信仰も厚く、平安時代後期になると観音霊場として信仰を集めた。後深草天皇の女御の使者や和泉式部なども参詣されている。

大師堂

八十八ヵ寺の石仏とその奥の護摩堂

室町時代には一条家の庇護を受けて栄華を極め、一時荒廃した時期もあったが、江戸時代に入ると土佐藩藩主・山内忠義がお寺を再興した。

ご本尊は室町時代の作とされる三面千手観世音菩薩、脇仏は不動明王と毘沙門天である。いずれも秘仏だが、毎年正月三が日だけは御開帳される。

大師堂を参拝し、大師像も拝観できた。大師は独鈷杵をお持ちになっていた。

愛染堂には平安後期の作とされる、愛染明王坐像が鎮座されている。また権現堂はこのお寺の鎮守の役割を果たしており、周りの岩組みが目を引く。不動堂の奥にある豪華な多宝塔は、源氏一門の源満仲が、清和天皇の供養のために建立したとされる。現在の建物は明治十三（一八八〇）年に再建されたもので、堂内には胎蔵大日如来坐像が納められている。

本堂の裏には百八の石仏がずらりと並び、壮観である。八十八ヵ寺の石仏も並んでおり、その先に護摩堂がある。お寺の正面付近には、修行大師像をはじめ、仏の世界を思わせるさまざまな石像が安置されている。

お寺の周りには遊歩道があり、その道沿いに「天灯の松」「龍灯の松」「ゆるぎ石」「地獄の穴」「天狗の鼻」といった大師ゆかりの七不思議といわれるものが点在している。

足摺岬の荒々しい風景を眺め、十四時四十分発のバスでＪＲ中村駅を経て宿毛市へ。この町の照明は暗く、ホテルを探すのに苦労した。

第三十九番札所　延光寺《えんこうじ》

竜宮城から来た赤亀伝説が残る◆赤亀《しゃっき》山《ざん》　寺山院《じさんいん》◆二〇一八年十一月十四日

深夜二時、タバコの臭いで目が覚める。ベッドのそばに置かれた消臭剤の効力がなくなったのだろうか。ベッドを出て、部屋中にスプレーを振りかけて嫌な臭いを消す。まだ明けきらぬ空を眺めながらホテルを出る。周りは宅地開発のために区画割され、家は建っていない。街灯が照らす暗い道を、昨夜の記憶を頼りにJR宿毛駅に向かって歩く。幾分寒さを感じる。

白々と夜が明け始めた頃、一人バス停のベンチに座り、朝食をすませる。宿毛六時五十五分発中村駅行のバスが定刻に来た。仕事に行く職人らしい人が二人乗っているだけである。二十分ほどで「寺山口」のバス停につく。ここからお寺まで一キロほど。目の前にがらんとした倉庫のような建物があるだけで、静かな田園風景が広がっている。

帰りのバスをチェックし、通りがかりの人にお寺への道を聞いて歩き始める。三十分で着くだろう。早朝の農村風景を楽しみながら歩く。二十分ほど歩き、人家が点在する中に

のどかな田園風景

赤い仁王様が守る山門

梵鐘を背負った伝説の亀

お寺の山門が見えた。石段を上がると、赤く塗られた仁王様が両脇で目を光らせていた。

仁王様のお許しを得て境内に入ると、山門の左手に手水場あり、その先に鐘楼があった。銅鐘は高さが三十三センチ、口径二十三・五センチと小型の梵鐘《ぼんしょう》だが、延喜十一（九一一）年正月の銘があり、平安時代前期の銘鐘として知られている。現存する鐘としては高知県では最古で、国内でも七番目に古いとして国の重要文化財に指定されている。

右手には、梵鐘を背負った赤亀の石像が安置されている。このお寺には、赤い亀が銅の梵鐘を竜宮城から持ち帰ってきたという伝説が残されている、これが赤亀の石像の由来で、赤亀山という山号の由来ともなっている。

本堂

参道の先はY字状になっており、左側に大師堂がある。扉が閉じられていて大師像は拝観できなかった。右側に本堂がある。

寺伝によると、このお寺は、神亀元（七二四）年に聖武天皇の勅命を受け、行基が、安産、厄除けを祈願して薬師如来を刻んでご本尊とし、本坊と十二坊を建立したのが始まりとされる。当初は「亀鶴山施薬院宝光寺」と称していた。

その後、桓武天皇の勅願所となり、空海が延暦十四（七九五）年にこの地を訪れ、脇侍の日光・月光菩薩を刻んで安置し、霊場として再興された。そして延喜十一年、境内にいた亀がいなくなり、竜宮城から赤亀が梵鐘を背負って帰ってきたことから、「赤亀山延光寺」と山号・寺号を改めたという。

本堂の近くに「目洗い井戸」がある。空海がこの地を訪れたとき、水が乏しいのを気遣われ、錫杖で地面を掘ると霊水が湧き出たという。「宝医水」と名付けられたこの霊水で洗うと、眼病が治るといわれている。

ところが、この井戸のそばで境内の掃除をしていた人がこう言う。

「目の病気によく効くといわれますが迷信です。近頃はお賽銭を井戸の中に投げ入れる人もいて、目を洗うのはおすすめできません」

それでもせっかくだからと、私はその井戸水で洗った手を、緑内障を患っている左目の瞼にそっとあてた。

バスの発車時刻まで時間があったので、朝日の差し込む境内をのんびり見てまわった。その由来はわからなかったが、「新四国霊場本尊奉安所」を拝観。古い五重塔の石塔もあった。

中庭には樹齢五百年ともいわれる高さ十メートルほどのイブキが、勢いよく太い枝を伸ばしていた。これは市の天然記念物になっている。

納経所に寄り御朱印を頂き、山門で一礼して、九時過ぎに先ほど歩いてきた道を引き返す。九時四十八分、定刻通り中村駅方面からバスが現れる。そのとき、お寺の方角から、女性が一人ゆっくりとした足取りで近づいてくるのが見えた。どうやらこのバスに乗るよ

眼病が治るという目洗い井戸

うだ。それにしてもバスはすぐそこまで来ているのに急ぐ様子がない。私のほうがやきもきしたが、なんとか間に合い、一緒に乗り込んだ。外国人らしいので、例によって下手な英語で聞いてみると、香港から一人で来たという。

そこで、スマホを介して会話することにした。彼女は王《ワン》と名乗り、香港の街の様子などを話してくれた。インターネットで、遍路コースの道程や乗り物の時間などを調べてきたという。インターネットの便利さを改めて実感したものである。

いよいよ「修行の道場」、土佐の国ともお別れである。これから王さんとともに「菩提の道場」、伊予の国の第四十番観自在寺《かんじざいじ》に向かう。

著者プロフィール

池澤 節雄（いけざわ せつお）

1936年8月12日、宮崎県宮崎市生まれ。
1959年、宮崎大学卒業。
1997年、愛媛県庁退職。
愛媛県松山市在住。

八十路のへんろ 阿波・土佐編

2024年4月15日　初版第1刷発行

著　者　池澤 節雄
発行者　瓜谷 綱延
発行所　株式会社文芸社
〒160-0022 東京都新宿区新宿1－10－1
電話 03-5369-3060（代表）
03-5369-2299（販売）

印刷所　図書印刷株式会社

ISBN978-4-286-24862-2